人生的坑，
都在歷史課本裡

人體圖像化記憶，
從此輕鬆讀通歐洲史

神奇海獅——著

目錄 CONTENT

好評推薦 009
前言　最適合新課綱的歷史學習法 011
　　　記憶宮殿（Mind Palace）：史上最好用的記憶法！ 013

腦／核心／希臘羅馬　　腰／轉折／文藝復興

心／靈魂／中世紀　　　肚臍／受寒／黑死病

第一章　古代文化與基督教傳統

1. 他教人民思考，人民卻投票讓他死：
   殺死蘇格拉底的，竟是受盡驚嚇的民主社會？ 021
   偉大的古代城邦 022
   深愛雅典的其貌不揚哲學家 024
   審判的原因 026

2. 不是勝利就是死，你敢不敢走上命運的賭桌？：
   凱撒改變羅馬的驚天一賭 030
   羅馬起源：母狼傳說 031
   三個臭皮匠，勝過元老院 033
   龐培戰敗原因，竟是騎兵太愛美？ 036

3. 教宗與皇帝 PK，誰會贏？：
卡諾莎事件的重點不是上帝偏好誰，而是大家更信誰 ‧‧‧‧‧‧ 040
基督教起源 ‧‧ 041
歡樂時代來臨（誤）！‧‧‧‧‧‧‧‧‧‧‧‧‧‧‧‧‧‧‧‧‧‧‧‧‧‧‧‧‧‧ 042
皇帝 vs. 教宗，德意志的諸侯們，你們要選哪一個？ ‧‧‧‧‧‧ 045

4. 雖然你的技術改變了世界，但你可能還是窮得要死：
古騰堡和他既成功又失敗的創業史 ‧‧‧‧‧‧‧‧‧‧‧‧‧‧‧‧‧‧‧‧ 050
窮光蛋的創業夢 ‧‧‧‧‧‧‧‧‧‧‧‧‧‧‧‧‧‧‧‧‧‧‧‧‧‧‧‧‧‧‧‧‧‧‧ 051
人類科技的里程碑 ‧‧‧‧‧‧‧‧‧‧‧‧‧‧‧‧‧‧‧‧‧‧‧‧‧‧‧‧‧‧‧‧‧ 053
馬丁‧路德：「印刷術是上帝的終極禮物。」‧‧‧‧‧‧‧‧‧‧‧‧ 055

手臂／地理大發現／15 世紀 -17 世紀

左腿／舊教　宗教改革　　右腿／新教
左膝／君主　法國大革命　　右膝／民主

第二章　**個人、自由、理性**

1. 愛情與權力，你選哪一個？：
宗教改革的兩位女王，選對了不朽，選錯了斷頭 ‧‧‧‧‧‧‧‧ 059
新教、舊教，有那麼重要嗎？‧‧‧‧‧‧‧‧‧‧‧‧‧‧‧‧‧‧‧‧‧‧‧ 059
兩位女王，兩種選擇 ‧‧‧‧‧‧‧‧‧‧‧‧‧‧‧‧‧‧‧‧‧‧‧‧‧‧‧‧‧‧ 062
兩種選擇，兩個結局 ‧‧‧‧‧‧‧‧‧‧‧‧‧‧‧‧‧‧‧‧‧‧‧‧‧‧‧‧‧‧ 063
斬殺女王，引得無敵艦隊入侵英國 ‧‧‧‧‧‧‧‧‧‧‧‧‧‧‧‧‧‧ 065

2. 誰說權威就一定對？：
　　不斷觀察和質疑，你或許就能締造科學革命 · · · · · · · · · · 068
　　誰是宇宙中心？地球、太陽，請選擇！· · · · · · · · · · · · 069
　　只用望遠鏡對準天空，就掀起科學革命 · · · · · · · · · · · · 071
　　竟然因為出一本書而惹火教宗 · · · · · · · · · · · · · · · · · · · 072

3. 啟蒙運動不是都很理性？：
　　盧梭寫了一封信給伏爾泰，上面傲嬌地寫：「我恨您！」· · 076
　　主導世界的不是「君王」，而是「定律」· · · · · · · · · · · 077
　　伏爾泰嘴賤，盧梭玻璃心 · 079
　　日內瓦劇場事件 · 081
　　主權在民 · 083

4. 為什麼很多革命總會越來越激進？：
　　一場刺殺，讓法國大革命整個失控 · · · · · · · · · · · · · · · 085
　　舊秩序崩毀 · 086
　　本來想保有國王的人民，最後決定斬了他 · · · · · · · · · · 088
　　死了比活著更有力量的人 · 090
　　被理念反噬的人 · 092

5. 社會主義是什麼？：
　　至少，一天工作八小時是他們爭取而來的！· · · · · · · · · 095
　　工業革命的前世今生 · 096
　　社會主義，和它的徒子徒孫 · 098
　　五一勞動節的由來 · 100
　　階級衝突真的無解嗎？· 102

6. 和平手段用完了還是沒效，該用激進手段嗎？：
   女性參政權的漫漫長路 105
   女權主義的起源 106
   轉型成戰鬥組織 109
   改變世界的大戰 111

法國大革命

左膝／君主　右膝／民主

第三章　伊斯蘭與世界、西方與世界

1. 過去千年沒發生，不代表明天不會發生：
   轟爆世界的巨炮與君士坦丁堡陷落 115
   讓你這輩子都忘不掉世界宗教的建立順序 115
   一個帝國、一個信仰、一個君王 117
   世界末日的號角 119
   終將陷落的君士坦丁堡 121

2. 一場圍城戰，竟打出世界上最知名的早餐組合？：
   1683 年維也納圍城之戰 124
   命在旦夕的神聖羅馬帝國 124
   擋住大炮的新型防禦工事，台灣竟然也有？ 127
   援軍來了，世界最知名的早餐組合也跟著出現了 129

3. 那個年代，窮真的比死還可怕：
讓台灣登上世界舞台的大航海時代 ・・・・・・・・・・・・・ 133
一切就是從君士坦丁堡淪陷之後開始的 ・・・・・・・・・・ 134
向世界盡頭邁進 ・・・・・・・・・・・・・・・・・・・・・・・・・・・・・・ 136
唯有向外遠航，才能找到生存之道 ・・・・・・・・・・・・・・ 139

4. 那些說為你好、讓你進步的人，可能才是最想剝削你的人：
充滿鑽石、黃金、重機槍的搶匪年代 ・・・・・・・・・・・・ 142
其實台灣經歷過兩種帝國主義 ・・・・・・・・・・・・・・・・・・ 143
真想為其他國家帶來文明嗎？ ・・・・・・・・・・・・・・・・・・ 145
死神武器 ・・・・・・・・・・・・・・・・・・・・・・・・・・・・・・・・・・・・ 148

20 世紀

左腳踝／威權　右腳踝／民主

第四章　世界大戰與冷戰局勢

1. 你的敵人真的是敵人嗎？：
第一次世界大戰時，感人的「聖誕休戰」 ・・・・・・・・ 153
三國同盟 vs. 三國協約 ・・・・・・・・・・・・・・・・・・・・・・・・ 153
聖誕休戰事件 ・・・・・・・・・・・・・・・・・・・・・・・・・・・・・・・・ 156
最讓人心碎的故事 ・・・・・・・・・・・・・・・・・・・・・・・・・・・・ 158

2. 極權政治因何而起？：
　　當時的見證者分析，有三個因素造就了納粹上台 ⋯⋯⋯ 162
　　納粹崛起 1：已然墜落的大國之夢 ⋯⋯⋯⋯⋯⋯⋯⋯ 163
　　納粹崛起 2：崩塌的經濟 ⋯⋯⋯⋯⋯⋯⋯⋯⋯⋯⋯⋯ 165
　　納粹崛起 3：希特勒本人 ⋯⋯⋯⋯⋯⋯⋯⋯⋯⋯⋯⋯ 166

3. 共同敵人一消失，伙伴就分道揚鑣了：
　　引爆冷戰的間諜事件 ⋯⋯⋯⋯⋯⋯⋯⋯⋯⋯⋯⋯⋯ 171
　　改變世界的末日武器 ⋯⋯⋯⋯⋯⋯⋯⋯⋯⋯⋯⋯⋯ 172
　　人民的敵人 ⋯⋯⋯⋯⋯⋯⋯⋯⋯⋯⋯⋯⋯⋯⋯⋯⋯ 173
　　在西方世界引發軒然大波 ⋯⋯⋯⋯⋯⋯⋯⋯⋯⋯⋯ 175
　　比原子彈更強大的武器誕生了 ⋯⋯⋯⋯⋯⋯⋯⋯⋯ 176

4. 即使是在黑暗中，也永遠不要忘記仰望藍天：
　　1968 年「布拉格之春」事件 ⋯⋯⋯⋯⋯⋯⋯⋯⋯⋯ 178
　　布拉格的前世今生 ⋯⋯⋯⋯⋯⋯⋯⋯⋯⋯⋯⋯⋯⋯ 179
　　維持一年的自由之夢 ⋯⋯⋯⋯⋯⋯⋯⋯⋯⋯⋯⋯⋯ 181
　　入侵友邦 ⋯⋯⋯⋯⋯⋯⋯⋯⋯⋯⋯⋯⋯⋯⋯⋯⋯⋯ 183

後記　歷史不會重演，但會不可思議地相似 ⋯⋯⋯ 187

好評
推薦

　　神奇海獅的新作品《人生的坑,都在歷史課本裡》,以說書人生動的口吻(有時甚至有點搞笑),挑選出具有故事性的歷史事件,透過詼諧的小標題,吸引讀者想一探究竟,到底怎麼一回事,就這樣串連起了108課綱中的教學主題。

　　此外,作者透過其利用軌跡記憶法的人體圖像,先有一個簡單的畫面概念,再進入有趣的文字敘述,並結合當今時事發展,不忘歷史學習中批判思考的能力。

——臺北市立成功高中歷史科教師／簡杏如

　　這是一本讓歷史活起來的書。海獅以生動的說書人口吻,將橫跨千年的西方文明史娓娓道來。他不只是會講故事,更擅長挖掘事件背後的脈絡與深層邏輯:透過兩個學生的背叛或失政,我們看到了蘇格拉底悲劇的政治因素;從古騰堡賣鏡子創業失敗到印刷聖經的技術革命,我們理解一項發明如何翻轉整個時代。

　　讀這本書,就像結交一位博學又風趣的朋友,陪你一同重新認識歷史課本,你會發現,歷史其實可以這樣讀——有趣,深刻,易懂,且充滿洞見。

——高雄市立陽明國中歷史教師／吳宜蓉

在「希望大家別討厭歷史」的路上,海獅一直是最踴躍的書寫人。如果被課本的表象耽誤,就會錯過比八點檔更驚世的真實故事。記誦之外,考試之後,人呀人,千百年來始終還是同樣本色。看看海獅,你就能確定歷史真的不無聊!

——《時間的女兒:八卦歷史頻道》Podcaster╱Hazel

前言
PREFACE

最適合新課綱的歷史學習法

有件事真的讓我滿自豪的：我曾當過某一年高中歷史課本的編輯委員！

當時我真的開心到快飛到天上去了！我欸！以後我可以對別人說：「你高中有沒有上過歷史課？課本是我編的！」

當然之後才知道，我負責的其實只是課文以外的小百科或是歷史冷知識之類的內容，基本上就是學生最喜歡看、但對成績沒啥幫助的部分（咦？）。

不過也因為這個神奇的經驗，讓我可以近距離觀察一本高中歷史課本是如何成形的。

你可能會覺得：「編歷史課本有什麼難的？不就是把兩起事件串連在一起嗎？」我以前也是這樣覺得的，但後來發現編歷史課本的邏輯完全不是這樣！

在編課本之前，我們會先收到一份類似教育部的政府單位傳來的課綱，內容大概是：「各位，這些是我覺得對學生來說很

重要的東西,請把它們編成一本可以看的下去的課本吧!」我們一看差點沒哭出來——古希臘神話和哲學、中世紀的宗教、文藝復興的藝術,等等,還有伊斯蘭與西方的關係?

我們表示:「也不是不行,但整本課本大概需要三十萬字才能將這些東西解釋清楚。」

政府表示:「不行,整本課本就只能那麼薄,給我想辦法!」

更何況現在還是 108 課綱,歷史課本不再是年代式的教學法,而是主題式的教學法。因此你會發現一件事情:歷史課本編出來之後,整體往往很「亂」——一個專有名詞下面馬上跳到另一個專有名詞,比方談到〈東西文化的交流〉,上一頁它還在講中世紀,下一秒就跳到十九世紀歐洲列強的新帝國主義,但中間有什麼連結或為什麼要把這個放進歷史課本裡,卻完全沒有解釋!因此在第一線的教學現場,就開始出現老師在上面講一講,學生就「迷路」了——等等,怎麼一恍神,一千五百年就過去了?我現在到底學到哪裡?

而這本書,就是為了解決大家在念歷史時,碰到的「迷路」問題啦!

我認為現階段學歷史最重要的要點在於「抓大」、「放小」,就像找路一樣,先找到你的目的地在哪一條幹道上,然後再去找幾巷、幾弄、幾號。因此我們需要先弄清楚世界史的「幹道」,待理解了之後,一切就都很好記了!

接下來,海獅我就要來和大家介紹一個很好用的記憶法。只要學會,整個世界史的基本架構就都可以記起來了,大家準備好,進入我的「記憶宮殿」吧。

記憶宮殿（Mind Palace）：
史上最好用的記憶法！

福爾摩斯：「滾開，現在我要進入我的記憶宮殿。」

我是在《新世紀福爾摩斯》這部影集裡看到這個酷東西的。福爾摩斯有一項很酷的技能，就是進入自己的「記憶宮殿」，接著他彷彿進入一間偌大的圖書館，搜尋腦中一個個資料庫，找到線索之後順利破案。

我原本以為只有像福爾摩斯那種天才才會有這種東西，但後來一找才知道，原來記憶宮殿竟然是一個人人都可以訓練出來的記憶法，甚至還被古希臘羅馬時代的人評為「最有效的記憶法」！

根據記載，這項記憶法來自一位名叫西莫尼德斯（Simonides of Ceos）的古希臘詩人。某天，詩人受邀參加一場盛大的宴會，但在宴會中途因為有事情先離開了會場，就在他一離開現場後，偌大的屋頂「砰」的一聲垮了！

眾人急急忙忙地趕去事發現場救援，但沒人知道賓客在廢墟下的具體位置，所以全都束手無策，這時，這名詩人站了出來，說：「我知道大家的位置在哪裡！」

接著他開始一一回想先前離開時經過的路線、在哪裡碰到了哪些人，並將這些資訊一一告訴眾人，竟然真的把壓在廢墟下的賓客都找了出來。

因此，這種記憶法也被稱為「軌跡法」。尤其是在紙很昂貴的古希臘時代，當人們要上台演講或辯論時，根本沒辦法使用小抄，因此人們常常使用這種記憶法，透過「記憶宮殿」，人們

發現了一件事：只要透過圖像記憶和路徑軌跡，會比記憶一個虛幻的數字要來的更加清晰。因此在這邊隆重介紹：「如果歐洲史是一個人。」

這什麼意思呢？首先我們先想像一個身體。就像示意圖這樣（見圖1）：

圖1

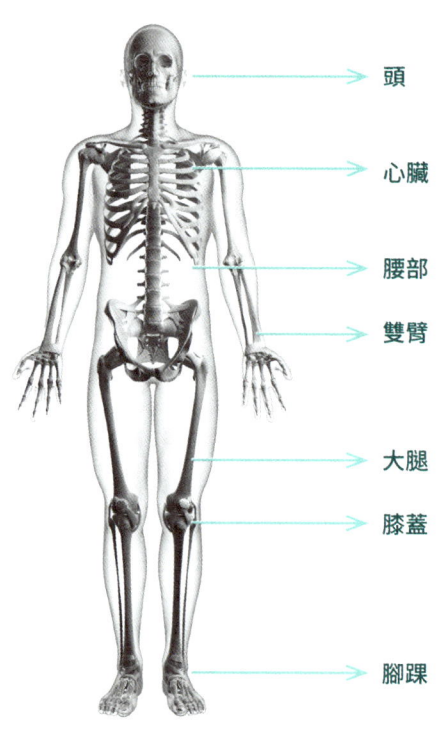

從頭頂到腳底，會經過頭、心臟、腰部、雙臂、大腿、膝

蓋、腳踝，共七個地方。

接著，我們將歷史課本歐洲史的每個時代，依次帶入這七個地方。我訝異地發現，這些時代竟然都跟身體的部位完美結合欸！例如：

1. 大腦是人體的核心，也是最重要的中樞機構。這種感覺就好像古希臘羅馬是歐洲文明的核心一樣！

2. 我們往下走到心臟。古人認為心臟是靈魂居住的地方，宗教就是處理靈魂問題的所在，所以就是那個以宗教統治歐洲的年代：中世紀！

3. 再往下是肚臍。肚臍著涼的話容易生病，也象徵著中世紀一場毀天滅地的大瘟疫：黑死病！而這裡剛好位於腰部，也是個轉折，就像文藝復興是歐洲文明的轉折。

4. 同時我們也有雙手。當雙手自然垂下時，你會發現下手臂到指尖部分，剛好就是肚臍到大腿的位置。象徵歐洲的大航海時代，就是文藝復興（十五世紀）到宗教改革（十七世紀）的階段！

5. 接下來，每一件發生的事件，剛好都讓歐洲世界分為兩派，就像雙腿一樣。大腿部分是宗教改革，整個歐洲分成新、舊教兩派。

6. 膝蓋部分則是法國大革命，歐洲變成了保王派與民主派。

7. 腳踝的部分之所以是二十世紀，是因為這個世紀同時有法西斯主義與共產主義，象徵著民主與極權兩派。

當然，有些歷史研究者一定會說：「這樣的分類太粗糙了！」因此在這邊先打個預防針，我們的目標是要讓國、高中生

理解事件的先後順序,而這種軌跡記憶法,就是為了讓同學在腦內做出連結。

找到連結之後,最後就會變成這張圖(見圖2):

如此一來,依照人體所製作的「歐洲史記憶宮殿」就完成了!基本上這就是整個歐洲史的「幹道」,即使是主題式教學的上課方式,只要比對這張圖,就可以瞬間用圖像的方式理解「我們現在在講的地方在哪裡」。

接下來的篇章,海獅我就會按照課本裡所提到的事件來一一補充其中的故事。請大家把這本書想像成「課本旁的補充小知識」,不論能不能提升成績,我絕對可以保證故事很有趣!

接下來就開始我們的旅程吧!

圖2

時間軸人體圖

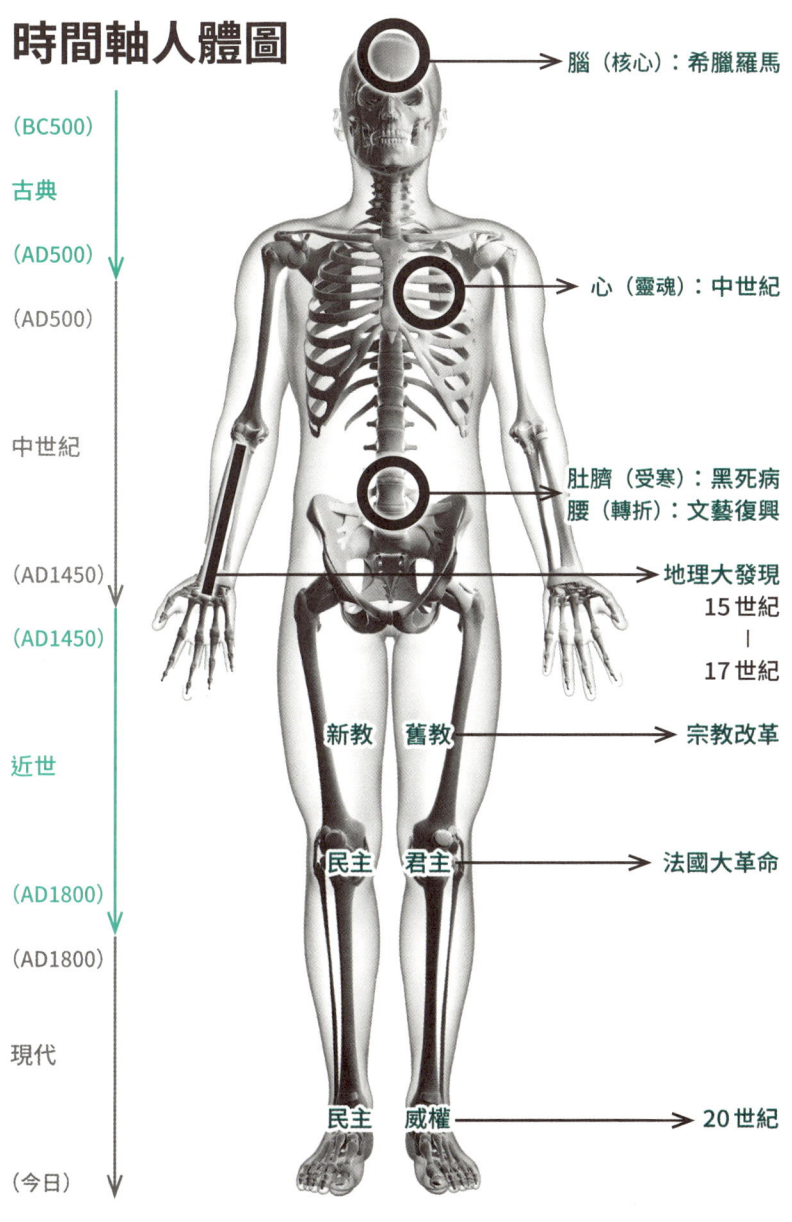

（BC500）
古典
（AD500）

（AD500）
中世紀
（AD1450）

（AD1450）
近世
（AD1800）

（AD1800）
現代
（今日）

→ 腦（核心）：希臘羅馬

→ 心（靈魂）：中世紀

→ 肚臍（受寒）：黑死病
　 腰（轉折）：文藝復興

→ 地理大發現
　 15世紀
　 ｜
　 17世紀

新教　舊教 → 宗教改革

民主　君主 → 法國大革命

民主　威權 → 20世紀

前言　最適合新課綱的歷史學習法　017

古代文化與基督教傳統

第一章

- 腦
  核心
  ─────
  希臘羅馬

- 心
  靈魂
  ─────
  中世紀

- 腰
  轉折
  ─────
  文藝復興

- 肚臍
  受寒
  ─────
  黑死病

他教人民思考，
人民卻投票讓他死

殺死蘇格拉底的，竟是受盡驚嚇的民主社會？

課本關鍵詞

希臘哲學、雅典民主、泰利斯、蘇格拉底、柏拉圖、理形

　　好的，接下來我們來到第一章〈古代文化與基督教傳統〉（不覺得光看標題就有種莫名睏意襲來嗎？）老實說這也是我覺得最悲摧的一章，因為整章橫跨的時間範圍，從西元前八世紀的古希臘，一直跨越到十六世紀的文藝復興，兩千三百多年的歷史只有兩萬字左右的扣打，平均十個字就要講完一年。所幸，偉大的課綱編輯老師開示：「啊，當然不用全部講完啊，我們這邊有準備課綱，你只要講每個時代最重要的東西就好惹！」

　　正當我們準備鬆一口氣時，發現那些課綱是：「古希臘的神話和哲學」、「古羅馬政治與法律制度」、「中世紀的基督宗教」，和「文藝復興的文化藝術」……課綱編輯老師我謝謝你！

　　每個時代重要的東西都不一樣，一下講哲學，一下講政

治,然後又跳到宗教,最後以文化作結,全部的東西都要融在同一章裡面⋯⋯你這跟抓著我的頭掄去撞牆有什麼區別?

所以,我們還是從頭一一講起吧!每一課我都會找一起關鍵歷史事件,而現在要上的第一課就是古希臘哲學,在這篇要說的事件就是:蘇格拉底的審判。

偉大的古代城邦

蘇格拉底的悲劇在於:一個創造出古代最偉大政治制度的城邦,如何處死它最偉大的公民?

蘇格拉底出生在黃金時代的雅典,當時雅典無論是在思想自由還是表達自由,都是空前發達的,即使是在日後,也很少有其他國家或政治制度可以相媲美,但也正是這個雅典審判和處死了蘇格拉底。這給我們後人的啟示是:一個擔心受怕的民主制度,能不能容忍任何可能危及它的人?

好的,我們先來說說古希臘哲學吧。

事實上,古希臘時代的確是偉大的 —— 光想到有一個時代,留給後世最偉大的遺產竟然是「哲學」,不覺得很厲害嗎?

但古希臘也不是一開始就發展出哲學這玩意的,它跟很多古文明一樣,最初是個充滿神話傳說的地方,也就是說,當世界有任何現象發生時,都是諸神造成的!而古希臘神話簡單來講就是六個字:宙斯想要色色。

宙斯想要對腓尼基公主歐羅巴色色,因此誕生了歐洲(Europe);宙斯想要對斯巴達王后勒達色色,最後誕生了海倫,並成為特洛伊戰爭的導火線⋯⋯好啦,希臘神話很複雜,我們就

簡述一下而已 XD 總之，古人習慣使用諸神來解釋世上的許多事情，然而，不曉得從什麼時候開始，有人懷疑：「真的是這樣嗎？」

真的什麼事情都是「神」造成的嗎？這個世界，還有我們到底是怎麼來的？這種想要探究世界真相的想法，造就了哲學的誕生。

大概在西元前七世紀左右，一位叫作泰利斯（Thales of Miletus）的數學家、天文學家提出了一個看法：「萬物的本源是水！」

歷史課本也提過這個人，只不過課本也表示這假說是錯的。既然是錯的，為什麼還要提到這個人呢？因為他是第一個不是透過諸神來解釋世界，而是透過「觀察」和「推理」得出這個結論的。

泰利斯透過觀察，發現萬物都以水為養分：水滋潤著種子，種子得以生成。因此他推導出一個結論：萬物本源是水。也就因為如此，泰利斯被喻為「西方哲學之父」。後來，許多哲學家開始用類似的方式探討世界的本源，有人說是火，也有人說是氣，然而這種想要探究世界本源的想法，開始逐漸變質成一種叫作「詭辯學派」的東西，這裡面最重要的代表人物叫普羅達哥拉斯（Protagoras），他有句名言是：「人是萬物的尺度。」簡單來說就是我看到的紅色，可能跟你看到的紅色不同，由於不可能得知我們看到的是不是一樣的紅色，所以真正的紅色是不存在的，由此可知，這世界上也不存在真理或是真正的道德。這些人往往利用類似的辯論技巧來收取學費或斂財，而他們也就是蘇格拉底想要打擊的對象。

深愛雅典的其貌不揚哲學家

　　蘇格拉底出生於西元前五世紀的雅典，他有一個問題，就是他長得實在不怎麼……好看。他的臉很扁，還有一個大塌鼻，嘴唇非常肥厚，有個說法是，因為蘇格拉底長得太醜了，所以陪審團最後判了他死刑（也太容貌歧視了吧？？）。

　　然而根據其他人的說法，蘇格拉底其實並不醜，他的目光能洞穿別人的心靈，使人感到他有一種內在的精神美。不過外表不是蘇格拉底唯一的問題，他的問題在於：實在太愛問問題了。

　　老實說，在上希臘哲學的時候，蘇格拉底總是老師們最頭痛的部分。因為其他哲學家至少都會提出一些自己的哲學觀，但如果真的有人去看蘇格拉底的生平，就只會有一種感覺：他就是個抬槓鬼啊！

　　他的辯論方式就是一直問你問題，問到你什麼東西都答不出來。比如說柏拉圖《對話錄》裡，蘇格拉底和另外一位名叫拉凱斯的將軍談論起「什麼是勇氣」，拉凱斯一聽，心想：「那有什麼困難的？」於是馬上回答：「勇敢是堅守陣地、不撤退！」

　　語畢，蘇格拉底立即表示不同意：「等等，難道遊牧民族打帶跑的游擊戰，就不勇敢了嗎？」

　　「呃，這……似乎也是一種勇敢。」

　　之後這位將軍又說：「那，勇敢就是堅忍不拔的靈魂。」

　　蘇格拉底又來了：「堅持忍耐就是勇敢。但如果堅持的是壞事或蠢事，當別人阻止他，他卻持續堅持下去，這樣算勇敢嗎？」

　　兩三下，蘇格拉底就讓對方的邏輯打結了，最後對方也只

能承認:「啊,原來我根本不知道什麼是勇敢!」

不過,這就是蘇格拉底的做法。他要大家一步步探究,到底什麼是幸福?所謂的幸福就是擁有勇敢、誠實、正直等美德,所以只有不斷反問自己、一步步探求這些道德的真諦,才有辦法追求幸福。

這個想法很美好,但不幸的是,蘇格拉底卻生錯了年代,最後也導致他走上死亡一途。

蘇格拉底出生時,正是雅典的盛世年代。

古希臘不是一個國家,而是由許多城邦組成,在巔峰時期更曾多達一千個城邦!每個城邦也都有各自的政治體制,比如雅典實行的是民主政治,做決定前都要經過長時間的辯論;另一個強大城邦斯巴達(Sparta)就不一樣了,他們是道地的軍國主義國家,非常講求軍事效率。本來這些國家都互不隸屬,然而有一天,東方一位使者過來了,他來自的國家名叫波斯。

波斯使者要求希臘各城邦向他貢獻「土和水」,意思很簡單:臣服在我波斯的腳下!

大部分希臘城邦都臣服了,唯獨雅典和斯巴達例外。

雅典非常客氣地把使者抓起來,並在審判後送他個死刑;軍事強國斯巴達則更簡單明瞭,他們說:「要土和水是吧?井裡很多,自己去拿。」接著就把這倒楣使者扔進井裡了。波斯王大怒,派了大軍攻打希臘城邦,波希戰爭就這樣開打了。

整場戰爭打了五十年,最後靠雅典的海軍,在一個叫作薩拉米斯海灣的地方大破敵軍。波斯征服希臘的野心,就這樣徹底落空了。

蘇格拉底就誕生在波希戰爭的後半段。在外敵一走以後，雅典進入一個前所未有的黃金時代，當時的雅典經濟繁榮，為民主制度提供了堅實的基礎，著名的帕德嫩神殿就是在這時候建造而成的，甚至連蘇格拉底都意識到自己生逢盛世，在他與小伯里克利的談話中講到：「沒有一個民族像雅典人那樣，為他們祖先的豐功偉業而感到自豪；他們不僅憑著自己的力量和整個波斯帝國相對抗，而且還和斯巴達人一起揚威於陸地和海上……。」

但是興盛一旦到了頂點，就只剩下衰弱一途了。

這時有一個城邦很不開心，也就是整個希臘過去的霸主：斯巴達。斯巴達和雅典的衝突越來越深。西元前 431 年，兩個城邦為主的陣營展開了浩浩蕩蕩的伯羅奔尼撒戰爭，對蘇格拉底來說，這場戰爭就是一切不幸的源頭。

審判的原因

有許多年輕人因為欽羨蘇格拉底的辯論能力，會因此請求他擔任自己的老師，其中有一位名叫亞爾希巴德（Alcibiades）的人，他出身高貴、能力出眾，但行為卻很不檢點。蘇格拉底之所以收他為徒，就是因為認為自己有辦法讓他改邪歸正，使他能為國家盡一份心力。

果不其然，亞爾希巴德後來參加了對斯巴達的戰爭。當時雅典派出了一支最強大的艦隊遠征西西里島，並任命亞爾希巴德擔任艦隊統帥，然而就在出征的過程裡，亞爾希巴德卻做了件震撼雅典的事情：他投靠了斯巴達，並把艦隊的部署和弱點，全都告訴了斯巴達！

斯巴達立刻率兵迎戰，結果雅典遭遇了前所未有的大敗。最後在亞爾希巴德的建議下，斯巴達人在距離雅典城不到 20 公里的地方，修建了一永久性的堡壘，完全切斷了雅典城獲得糧食的管道！這場戰爭以斯巴達人取得勝利告終，不但終結了雅典的黃金時代，也結束了雅典的民主。這時統治雅典的已不再是民選出來的政務官，而是斯巴達扶持的「三十僭主」（The Thirty Tyrants）統治集團。

這個統治集團沒有任何民意基礎，之所以能上位，全是因為斯巴達強力主導雅典政治所致。而且這個統治集團相當暴虐無道，在執政的八個月中處死了一千五百人，使得大量人民流離逃亡。猜猜在整個「三十僭主」裡，最冷酷無情的統治者克理提亞斯（Critias）是誰的學生？

沒錯！他也是蘇格拉底的學生啦！

最後雅典人民實在受不了，起身推翻這個統治集團，克理提亞斯死亡後才終於恢復民主制度。然而人心依舊擔心受怕，因此在推翻獨裁集團後，雅典人民開始想：「出賣雅典的叛國賊是蘇格拉底教出來的，三十僭主的殘暴統治者也是你蘇格拉底教出來的。」所以得出結論：必須除掉蘇格拉底！（所以學生不學好，老師也會跟著倒楣）。

就這樣，年近七十的蘇格拉底被起訴了。起訴理由有兩個，第一，蘇格拉底犯有敗壞青年之罪；第二，犯有不信神之罪。求處：死刑。

第一項指控敗壞青年的原因很明顯：雅典叛徒和血腥獨裁者全都是蘇格拉底教出來的學生。在多達五百人的陪審團面前，蘇格拉底提出了辯駁——他樂於教誨人，與朋友或學生間進行的

活動都是公開的,這是在場的相關人士都可以作證的。

這些人可以作證他並沒有敗壞青年,常勸誡他們不要犯罪,並勉勵他們培養自制等各種德行、勸勉他們遵守法律。「但如果他們之中的任何人成為好公民或壞公民,我都不能負責。」

至於第二項指控他不信神,蘇格拉底也提出了反駁——他不是不信神,他只是遵循自己內心的聲音,並把這東西稱為「靈機」(daimonion),「……我從小就感受到它的降臨,每次當我即將做錯事時,它就會出現並阻止我。」

他認為,這世界上有神,只是神不是出現在神廟或神諭中,而是在人人都有的靈魂與理性,每個人都能透過對話與反省,靠近「善」與「真理」。

雖然最後陪審團還是判了蘇格拉底死刑,然而他卻奠定了整個哲學世界。

先前的詭辯學派說:「人是萬物的尺度。」因此絕對客觀的真理當然也不存在啦!然而從蘇格拉底之後,人們開始相信存在一個「最終真實的存在」,蘇格拉底的學生柏拉圖把這東西稱之為「理形」(Idea)。這觀念有點小難懂,簡單來說,當人們提到「一張椅子」,雖然現實的椅子千變萬化,但卻有一張椅子的「理形」不會變形、變化且永遠存在;同樣的,真理也一樣存在,人們必須不斷自我思索與追尋,最終才可能觸摸到一點點真理的邊緣。也就因為如此,在大家念完大學後,可能會拿到「文學學士」(Bachelor of Arts)或「理學學士」(Bachelor of Science)頭銜,然而只要繼續念下去,無論你是理工科還是文科,拿到的頭銜都是 Ph.D——「哲學博士」。

每個接近真理的學科,本質上都是一種哲學。

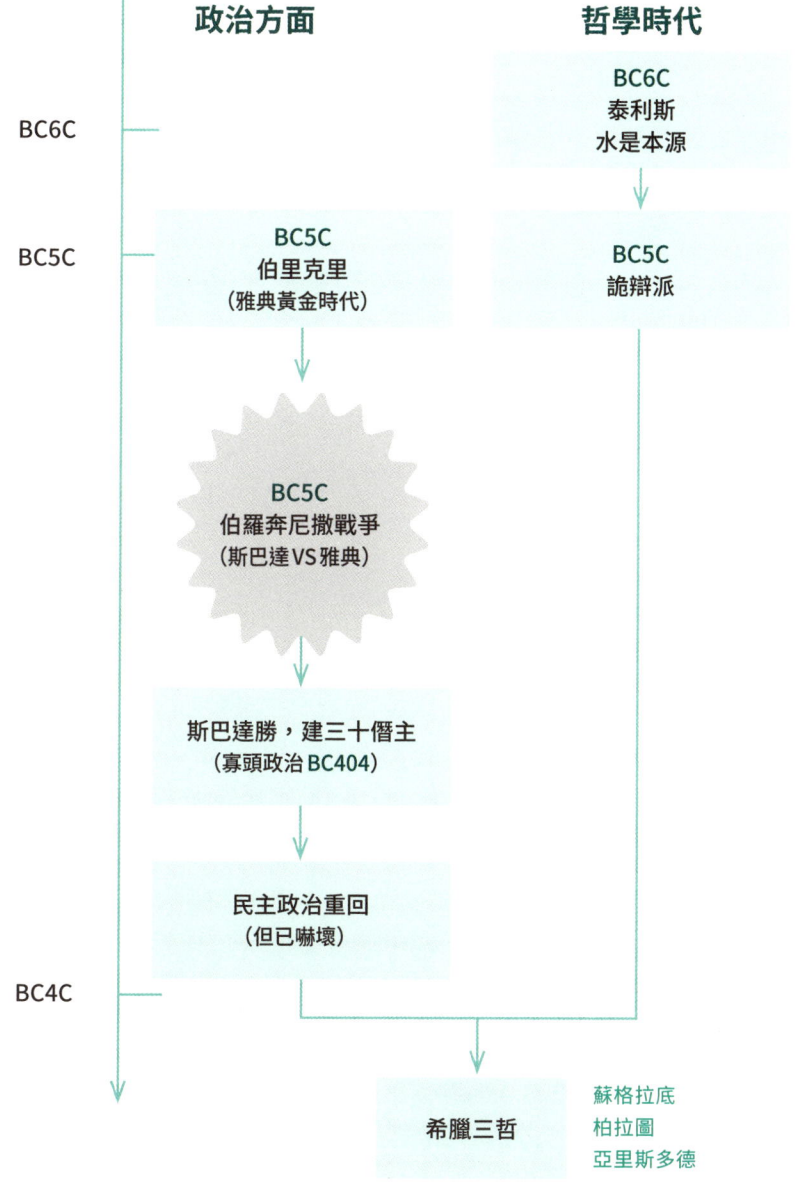

第一章 古代文化與基督教傳統

(2)

不是勝利就是死，
你敢不敢走上命運的賭桌？

凱撒改變羅馬的驚天一賭

課本關鍵詞

羅馬共和、元老院、護民官、凱撒、屋大維、奧古斯都

　　西元前 49 年 1 月 10 日，太陽逐漸西斜。羅馬共和國的高盧總督凱撒（Julius Caesar）最親信的第十三軍團士兵，正停留在一條狹窄的河流前。

　　這條河叫盧比孔河。河的這一側是高盧行省，是現在法國的主要地區，但只要一越過河，就是義大利和羅馬地界，凱撒最大的對手龐培（Gnaeus Pompeius Magnus）就在那裡！

　　根據當時法律，任何人都不准帶領軍隊過河，一旦越過就等同於向國家宣戰。所有人屏息以待，等待最高指揮官下令。

　　最後，他們得到了命令：越過盧比孔河！

　　就這樣，凱撒的軍隊逾越了羅馬人民最嚴峻的法律。渡河

前,凱撒講出一句話:「Alea iacta est.」(骰子已擲出)在西方,這段話意思是「越過不歸路」,從此凱撒只有兩種下場:不是毀滅,就是勝利!

啊,多麼中二,多麼帥啊!

在所有拉丁文名言裡,我最喜歡的就是這句話。我甚至曾考慮在我兩手臂上刺青,左手刺這句話,右手刺另一句我也很喜歡的名言「Navigare necesse est.」(必須出航)(這句話的由來到大航海時代的篇章時會說)。

不過還好我後來沒這麼做就是了。

羅馬起源:母狼傳說

我們現在要說的是羅馬。這個從西元前八世紀開始、後五世紀結束,宰制歐洲近千年的偉大國度,我們的歷史課本卻只花了五百一十六個字講完。簡單來說,古羅馬分成三個階段:羅馬王政、羅馬共和以及羅馬帝國。

早在西元前八世紀左右,羅馬已經開始出現一些小部落,他們建城歷史則起因於一則「母狼傳說」。

母狼傳說的主角是羅慕路斯(Romulus)和瑞慕斯(Remus)這對雙胞胎兄弟。他們的母親本是鄰國的祭司,必須終生保持處女之身。然而這位女性不幸被戰神馬爾斯盯上,然後兄弟倆就誕生了(也跳太快)!

這件事很快就被國王知道了,他大怒:「把這對雙胞胎帶到河中扔掉!」因此他們就被扔到羅馬附近的台伯河裡,所幸他們命不該絕,最後被一隻母狼發現並餵養了他們。

長大後，羅慕路斯在羅馬建了一座城，然而，反對這件事的瑞慕斯卻做了一件挑釁的事——他跳過了城牆，象徵城防將形同虛設。真的就是周星馳電影裡的那句話：「我跳出去了，打我啊笨蛋！」羅慕路斯點點頭，說：「嗯，好的。」然後就把瑞慕斯給殺了。

　　最後這個新國家就以羅慕路斯為名，叫作「羅馬」。羅馬王政時代，也就這樣開始了。

　　不過，統治者雖然叫國王，但他其實就是位部落共主啦！王政時代總共傳了七位國王，當最後一任殘暴的國王被推翻後，羅馬人再也不想被國王欺壓，所以他們決定建立一個權力分散的「共和制度」。

　　歷史課本裡最強調的就是羅馬的共和制度，它的核心概念就是「制衡」。

　　首先，類似國王的統治者還是要有，只不過稱呼改為「執政官」，由公民組成的公民大會，每年會選出執政官等一票高級官員，另外，以前只有一名國王，現在則有兩名執政官共同執政，而且任期只有一年。

　　除了執政官以外，則是「元老院」。這個機構在王政時代就有，一開始是國王的顧問，但在共和時代，元老院就變得可以審議與諮詢重要事務，尤其是他掌控了政府的財政資金——執政官就算有很多想做的事，也要有錢來實行啊！

　　但後來又怕元老院勢力太大，所以為了制衡元老院，共和國又出現了由平民擔任的兩位「護民官」。他們擁有否決權，可以否決執政官與元老院的政策。因此，雖然貴族權力很大，但還

是有護民官幫人民說話，以制衡貴族的力量。

有了這麼理想的制度，羅馬人從此就幸福快樂了吧……當然沒有啦！因為在共和時代，羅馬對外戰爭可以說是家常便飯，只要戰爭爆發，羅馬公民就得被徵召去打仗，等到打完仗了，回到家卻發現自己的農地整個荒廢了。然而，有錢的貴族卻可以推派奴隸代替自己打仗，再趁戰爭時期大肆兼併別人的土地。

因此，羅馬的貧富差距越來越大。後來，一對叫作格拉古兄弟的人想改革，限制有錢人無限兼併土地。羅馬元老院的反應呢？就是憤怒地當街把格拉古兄弟打死，造成三百多人倒在血泊中。

格拉古兄弟血案是個轉捩點。在那之前，大家就算有衝突也可以好好討論，但從那之後，人們發現：原來可以透過流血，尤其是讓敵人流血來解決問題！

從此武力變成一種選項，而最有可能獲得權力的人，就是掌控軍隊的人！

三個臭皮匠，勝過元老院

時間來到西元前一世紀，整個共和國已經來到了風中殘燭的境地，這時的元老院雖然依舊掌握政治大權，但挑戰者也開始相繼出現。

最有力的挑戰者有兩人，第一位叫作克拉蘇，他是羅馬的超級大富豪，掌握大量的「金錢」，不過這傢伙的名聲不太好，因為他總是會為了錢做一些缺德事，比方說每逢有房屋失火，克拉蘇都會火速派他的私人消防隊前往。等到達現場之後，克拉蘇

就會叫消防隊先暫停,和焦急的屋主說:「等等,我們先來討論把你家賣給我這件事吧!」

屋主:「拜託!趕快救救⋯⋯咦?」

接下來,克拉蘇就會好─整─以─暇─地向屋主開出不可思議的低價。屋主氣憤至極,但如果不答應,他家就會毀於一旦。最後沒辦法,只能低頭接受克拉蘇的開價。接著克拉蘇就會說:「好了,弟兄們,救火!」

這樣的人會有好名聲才怪!

第二個人叫龐培,這個人掌握的是「軍隊」。他是軍人出身,而且在年僅二十五歲的時候,就已經擔任軍隊統帥,甚至還獲得了當時被認為的男子最高榮譽——凱旋式。

面對強大的元老院,這兩個人決定聯合起來,但又怕兩強相爭,因此又找了一位比較沒有實權的人——凱撒,做為克拉蘇與龐培間的緩衝墊。最後這三個臭皮匠⋯⋯噢不,三個大人物終於結成了聯盟,在歷史上被稱為三巨頭同盟(The First Triumvirate)。

三人的結盟,立刻讓元老院發現大事不妙!如果兩人聯手,元老院還可以勉強抵擋;但當三人合體時,元老院就徹底沒戲唱了!果然,這三個人立刻把整個共和國當成蛋糕一樣,克拉蘇分到了富裕的東方行省、龐培分到西班牙,而凱撒則拿到了高盧,也就是如今的法國。

理論上,三巨頭應該天下無敵了。不過就在西元前 54 年,這脆弱同盟的第一道裂痕出現了——克拉蘇死了。

事實上,愛錢的克拉蘇想要東方行省是有原因的。當時羅

馬人都知道，東方隱藏著巨大的財富——大家都相信波斯有一座由黃金構成的山，而在更東邊的印度，更有一道象牙建造的高牆。

克拉蘇一抵達東方行省後，立刻下令向東邊一個叫作「安息」的王國進軍。但對羅馬來說有一個小小小小的壞消息，那就是這個國家使用的軍隊叫「弓騎兵」。

羅馬軍隊主要是由步兵組成，從生理學的角度來說，兩條腿應該是跑不過四條腿的。

七個羅馬軍團在沙漠裡熱到頭頂冒煙，而敵人則像幻影一樣，一下消失，一下現身，並用弓箭狂射他們，最後，七個軍團竟然慘被全滅，克拉蘇也被俘虜。據說他的死法極度悲慘，在他被活捉之後，對方說：「你喜歡金錢，那就死在金錢之中吧。」接著就將黃金鎔化，灌進克拉蘇的喉嚨！（海獅尖叫：「呃啊啊啊！！！」）

克拉蘇之死，就像三腳椅斷了一根。

對龐培來說，他原以為凱撒對他來說完全沒有威脅，沒想到凱撒竟然在高盧創造了專屬於自己的英雄史詩——他打下一個又一個高盧部落，並將自己的戰績全都寫成了文章，最後出版了一本書叫作《高盧戰紀》，完全是個宣傳高手，這本書簡直就是當代的英雄史詩！凱撒完全是個宣傳自己的高手！

這時的元老院一看有機可乘，立刻見縫插針、拉攏深感威脅的龐培。

最後，龐培跟元老院結盟了！

此時，羅馬政壇形成了兩個互相對立的集團：一邊是以龐培為首的元老院貴族派，另一邊則是以凱撒為核心的平民派。情勢

第一章　古代文化與基督教傳統　　035

對凱撒非常不利，因為龐培掌握中央，可以命令凱撒解除兵權。

各位想想，這時你要是凱撒，該如何制衡元老院？沒錯！前面教過了，就是擁有否決權的「護民官」！

凱撒拉攏了護民官。隨著凱撒的高盧總督任期結束，元老院命令他解散軍隊、回來羅馬！

護民官：「否決！」

元老院：「我給凱撒一個最後期限，一過期限不放下兵權，就會將凱撒視為共和國的敵人！」

護民官：「否決！」

元老院氣得牙癢癢，使出最後一招：宣布國家進入緊急狀態（類似戒嚴）。授權龐培調軍隊進羅馬，準備對護民官直接動武！

護民官急急忙忙逃到高盧，來到凱撒身邊。對凱撒來說，他只有兩種下場：第一就是遵照元老院的命令，放下兵權——如此一來，他的政治生涯就徹底結束；另外一個就是從高盧率兵回去義大利，發動內戰！

最後，凱撒選擇了後者。

龐培戰敗原因，竟是騎兵太愛美？

凱撒過了河之後，立刻以迅雷不及掩耳之勢，急速向羅馬前進，而龐培的反應也很快：逃！

不過龐培不是逃跑，而是跑到東邊的盟邦去搬救兵，最後他也聚集了大量的士兵和金錢。就在西元前 48 年，兩軍在一個叫作法塞盧斯的地方相遇了。

情勢對凱撒來說一樣很不利。首先凱撒有兩萬步兵以及一千多名騎兵，但龐培的步兵不但是凱撒兩倍，還有一項最可怕的王牌：七千名騎兵！在古代，騎兵是決定戰役勝敗的關鍵因素，凱撒如果要打贏，就一定要想辦法打敗對方的騎兵！

西元前 48 年，決定命運的法塞盧斯會戰開始。

據稱開戰前，一名百夫長對著凱撒嘶吼：「統帥放心，今日不管是生是死，我們都會以今日的行動來讓你感動！」說完就朝敵人衝去。

士兵的戰況激烈，而龐培也很快地派出龐大的騎兵部隊，目標就是徹底碾壓凱撒！

但凱撒有自己的祕密武器：一支隱藏起來的步兵大隊。

在戰役開打前，凱撒對這支大隊的士兵說：「今日成敗，全看各位的勇氣了！」

等對手的騎兵衝過來時，這支步兵大隊出去擋在對手面前，他們的任務很簡單也很艱鉅，那就是：不要跑！

等敵人衝到面前時，這些士兵就拿著尖矛或標槍，往敵人騎兵的臉刺過去。這些貴族騎兵平時非常愛美，因此下意識地會想搗住自己的臉。

龐培的騎兵真的停下來了。一旦失去衝力，騎兵的攻擊性也會大大減弱，凱撒的騎兵隨即一擁而上，把對方打得驚慌逃散。

在失去王牌後，龐培的軍隊逐漸潰退。這一仗，凱撒打得太漂亮了，只損失了不到一千多人，龐培則損失將近四萬人，幾乎全軍覆沒。

從此，凱撒成為了羅馬真正的主人。他先是進行大刀闊斧的改革：將元老院的人數從五百人增加到了九百人，稀釋每位議員的影響力。元老院成了養老院──一個在凱撒控制之下的機構。

而在元老院任命下，凱撒成為「終身獨裁官」，這是一個比執政官還大、掌握絕對權力的官職，再來，凱撒也建立了一個龐大的帝國官僚機構。

然而，這樣執掌大權的日子才短短四年，某天，當凱撒來到元老院時，陰謀者一擁而上，用短劍刺向凱撒！最後凱撒身中二十三劍──正好倒在昔日政敵龐培的雕像下。

雖然凱撒去世，但羅馬變成帝國的腳步也已經難以停下。凱撒的養子屋大維成了羅馬最後的主人，西元前 27 年，元老院賦予屋大維「奧古斯都」的頭銜，意思是「神聖的」，在歷史上，羅馬帝國也正式開始了。

但對羅馬人來說，共和也好，帝國也罷，在經歷那麼長的內戰之後，他們只想要和平、安全的生活。粗陋簡樸的羅馬已經是從前的事了，現在的羅馬是由黃金打造，享用著征服世界各地掠奪而來的財富。

羅馬軍團也相當驍勇善戰，不斷將領土擴大；羅馬城內依舊大興土木，偉大的浴場、競技場一一落成。至於共和？

那就只是個遙遠的蒼蠅聲響罷了。

羅馬政壇演變時間軸

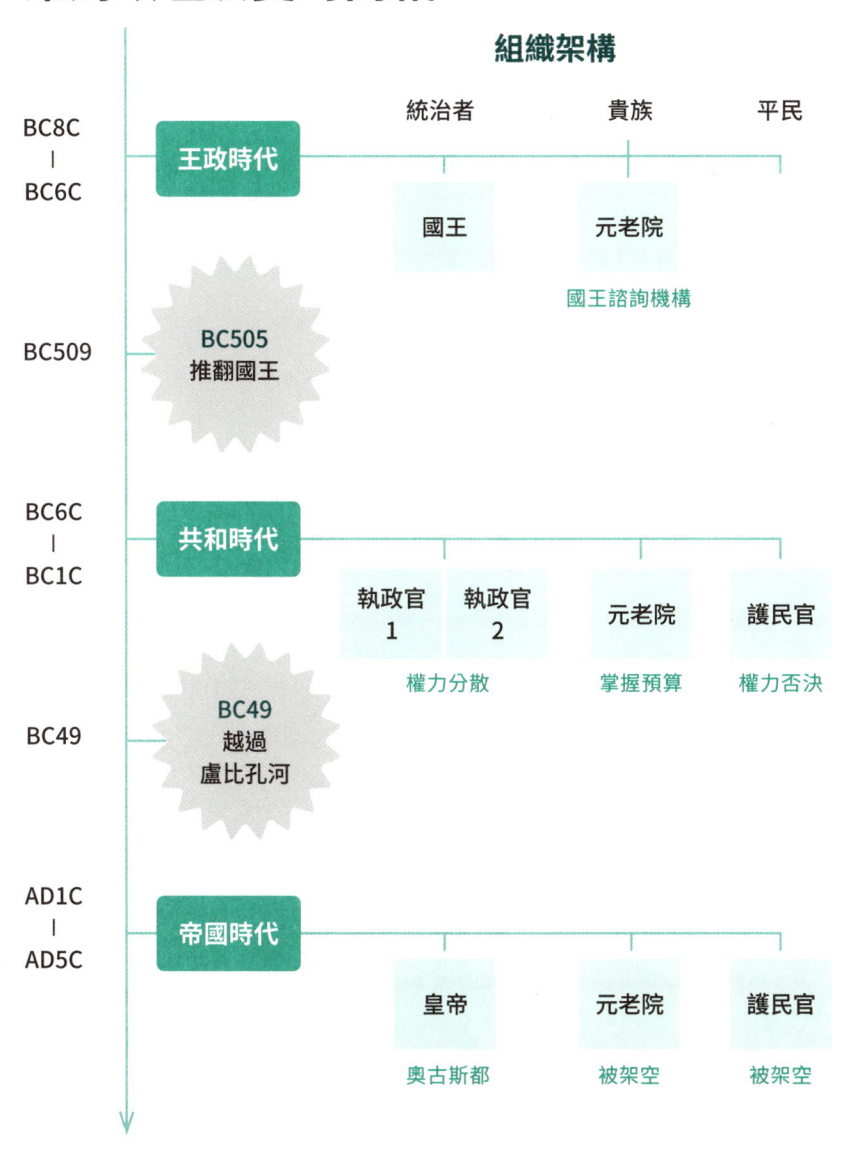

組織架構

時期	統治者	貴族	平民

BC8C — BC6C　王政時代
- 國王
- 元老院（國王諮詢機構）

BC509　BC505 推翻國王

BC6C — BC1C　共和時代
- 執政官1、執政官2（權力分散）
- 元老院（掌握預算）
- 護民官（權力否決）

BC49　BC49 越過盧比孔河

AD1C — AD5C　帝國時代
- 皇帝（奧古斯都）
- 元老院（被架空）
- 護民官（被架空）

第一章　古代文化與基督教傳統

3

教宗與皇帝 PK，誰會贏？

卡諾莎事件的重點不是上帝偏好誰，而是大家更信誰

> **課本關鍵詞**
>
> 基督教、耶穌、彼得、君士坦丁、查理曼、
> 神聖羅馬帝國、政教衝突

西元前 27 年羅馬帝國建立了，且持續了四百多年，後來分裂成東、西兩大帝國，西元 476 年，西羅馬帝國滅亡。

從這時開始，古典時代也就正式掰掰，接下來就到了「如果歐洲史是一個人」的心臟部分，同時也是海獅我最喜歡的一個時代：中古世紀！

很多人聽到中世紀就打呵欠，那是因為你腦中的中世紀是：一神教、封建制、東西教會分裂……，但我想到的中世紀是：殭屍審判、淫婦政治、異端火刑……。

現在想想，我好像真的永遠不可能寫歷史課本的正文，不然我應該會對出版社耍賴：「不要！我不要寫什麼封建制度，我

想寫異端審判啦啦啦……！」

基督教起源

我們先來講講基督教的誕生。

在奧古斯都皇帝統治之後三十年，遠在東邊耶路撒冷附近一個叫作伯利恆（Bethlehem）的城市，誕生了一位小嬰兒，他誕生的地方現在叫「聖誕教堂」，教堂下真的鑲嵌著一顆銀星星，象徵著一位影響整個歐洲的人在這裡誕生，而這個人就是耶穌。

耶穌在三十歲左右，接受了一位叫施洗者約翰的洗禮，之後便開始傳道。由於他願意接近當時被猶太社會所鄙視的罪人（例如外邦人、犯姦淫的婦女），並向他們傳講福音，因此許多貧困的人都將他視為「彌賽亞」，也就是救世主。

貧困者喜歡耶穌，但當時猶太王國的統治階級卻恨死耶穌了。在《新約聖經》裡，解釋了耶穌在最後的晚餐被自己的門徒猶大出賣、被捕、被鞭打，最後被羅馬總督彼拉多判處釘十字架的死刑經過。

在耶穌被釘在十字架後，基督教逐漸壯大成獨立的宗教。

讓基督教壯大的人是誰？那就是傳道者保羅。保羅被稱作「外邦人的使徒」，因為本來的基督教也只是向猶太人傳教，但保羅修改了教義，並把信仰帶給外邦人，讓基督教成了每個人都可以信仰的普世宗教。所以，有些歷史學家甚至認為基督教可以沒有耶穌，但不可以沒有保羅。

另一位重要的門徒叫作彼得。彼得最後被判處在羅馬帝國的首都羅馬，釘在十字架上的死刑，一本名叫《彼得行傳》的書

寫道，因為跟耶穌同一種死法實在是太神聖了，因此彼得還請求：讓他以頭上腳下的方式被釘在十字架上！（不過真實性存疑就是了。）最後，彼得也被認為是第一任羅馬主教，也就是教宗（Pope）。

之後，基督教徒就因為不信奉羅馬傳統的神祇，拒絕效忠羅馬皇帝，因而長期遭受羅馬帝國官方的禁止，甚至是迫害。這樣的迫害陸陸續續持續了三個世紀，最後在西元312年，傳說當時的羅馬皇帝（之一）君士坦丁要跟對手決一死戰，據說在戰役前一晚，君士坦丁做了一個夢，夢裡有個人指示他，將一個「神聖符號」放在部隊的軍旗上。君士坦丁醒來之後照辦，就在這場戰爭裡，他還真的獲勝了。

這場戰爭也改變了基督教的走向。隔年313年，皇帝君士坦丁一世發布《米蘭敕令》，宣告基督教合法化。當然，除了這種神蹟說法以外，當時基督教占有帝國約十％的人口，勢力已非常強大，而君士坦丁更讓基督教合法化，自然也獲得這些人的支持。

就這樣，基督教會與帝國兩邊共同存在了一個世紀左右。不過，就在西元476年，一切改變了。

歡樂時代來臨（誤）！

西羅馬帝國滅亡了。

原本的西羅馬變成許多小國家，像是東、西哥德王國啊、法蘭克王國，這些王國都希望能夠成為羅馬的繼承者、成為「皇帝」。但現在問題來了：誰來決定皇帝是誰？

這時，羅馬教宗的地位已經越來越高了。當時有個國家叫法蘭克王國，國王名叫查理。這位查理國王協助教宗平定叛亂，因此，在西元 800 年的聖誕節，教宗突然在查理的頭上「噹」的一聲，放下了王冠。

眾人立刻高呼：「上帝以西羅馬皇帝金冠授予查理大帝，查理即為偉大和平之羅馬皇帝！」

就這樣，在西羅馬帝國滅亡之後大約三百多年，西歐地區再一次出現「皇帝」頭銜，在那一瞬間，查理「曼」（大帝之意）誕生了。

查理曼的加冕是中古史上劃時代的大事。一個是神聖的基督教宗教領袖，一個是世俗大帝國的君王，這兩人的交相利用，形成一種慣例：<u>查理曼獲得了王冠，而羅馬教宗獲得更珍貴的東西──幫皇帝加冕的權力</u>。不過接下來的事情告訴我們：只要是人間的組織，就一定會有腐壞的時刻。

在西元九世紀末的時候，本來應該是道德長城的教廷，接二連三地發生一些非常扯的事情。

897 年，時任教宗史蒂芬六世（Stephen VI）下令，將一具腐爛的屍體從墳墓裡面挖出來，讓它穿戴好教宗的衣服，接著放在教宗的寶座上審判它。

這具屍體不是別人，正是屬於不同派別的前教宗！

原來，當時的教廷正捲入一場嚴重的政治紛爭中。這位教宗與前教宗分屬於不同陣營，在鬥爭到最高峰的時候，教宗就下令把前任的屍體挖出來審判，他自己擔任原告，並讓一名年輕人擔任前教宗的辯護人。

在審判中，教宗對前任破口大罵外加羞辱。最後想當然的，倒楣的前教宗屍體被判有罪，所有他在擔任教宗期間的任命也都被宣告無效，最後屍體則被拋入羅馬的台伯河裡。

這幕「殭屍審判」絕對是教廷史上最詭異的一幕！想想看，如果現在的總統下令把前總統的遺體挖出來審判，最後還定罪於前總統，那會是一個什麼樣的場景啊？然而，這還不是最誇張的，接下來，整個教廷即將陷入一個被後世稱之為「淫婦政治」的時代裡。

所謂的「淫婦」，指的是一名羅馬元老院的女議員瑪羅齊婭（Marozia）。她出生於西元890年，我們來羅列一下她的豐功偉業：

1. 十五歲，她成為爸爸的表哥的情婦（兩人相差三十歲），還生了一個兒子。

2. 十九歲，嫁給了一位義大利貴族。在她的交際手腕下，開始介入教宗選舉。

3. 928年，教宗約翰十世反抗她，最後的下場就是被人用枕頭悶死。之後瑪羅齊婭就完全掌控了教宗的選舉權。

4. 最後，她乾脆讓自己的兒子當上教宗，也就是約翰十一世。

5. 後來，瑪羅齊婭的丈夫過世了，她想改嫁亡夫那位有前途的兄弟。但因為他們之間有姻親關係，所以根據教會法是不能結婚的。然而當有人出聲反對時，那倒楣鬼已經被刺瞎雙眼、扔進監獄裡。

這下再也沒有人敢說什麼，後來，瑪羅齊婭成功和自己的大伯結婚，而證婚人正是瑪羅齊婭的教宗兒子。

這是史上第一次由教宗為自己老媽主持婚禮的例子（也是最後一例）。不過瑪羅齊婭還不算最誇張的，最誇張的非屬她的孫子約翰十二世不可，他簡直把「教宗」這職位玩出了新高度──不但收受賄賂、通姦老爸的小妾，甚至跟自己的外甥女有肉體關係！另外，他還把一位神父的眼睛刺瞎、將另一位樞機給閹割致死，最後還將聖殿當成妓院和度假勝地，搞到人民不斷對自己的女性家人耳提面命：「沒事不要接近教宗的城堡，免得被教宗看上、抓進去強暴！」

最後，忍無可忍的義大利人對教宗發起進攻，逼得約翰十二世只能求助於東法蘭克國王鄂圖一世（Otto I），並將鄂圖一世加冕為皇帝。此後，鄂圖一世的國家就叫「羅馬帝國」，後來又覺得要更神聖一點，因此又在前面加上「神聖」兩個字。

於此，神聖羅馬帝國這個持續千年的帝國，就這麼誕生了。

皇帝 vs. 教宗，德意志的諸侯們，你們要選哪一個？

雖然教廷出現了種種不堪聞問的事情，但幸好終於有人看不下去了。

十世紀末，法國一個叫克呂尼修道院發起了教會改革運動，主張修道士要實行嚴格的禁欲主義，不得結婚也禁止買賣聖職，目的就是要將一切腐朽的世俗權力全都趕出教會！

逐漸的，這個改革運動獲得越來越多教會人士的支持，而這些支持改革的教士也慢慢進入教廷，成為一個緊密的改革派集團。最後，這些改革派出了一位教宗，那就是格列高里七世。

這名教宗本來就是一位地位崇高的修道士，他一生的宗教思想簡單來說就是四個字：教權神授，主張教宗的地位要高於凡間一切力量。那這時就有人問：「等等，那神聖羅馬帝國的皇帝呢？」

教宗冷笑一聲：「笑話！是教宗加冕你為皇帝的，所以教宗地位當然比皇帝還高！」

然而，這時卻有一個人表示不服，那就是神聖羅馬帝國皇帝——亨利四世。

亨利四世不是吃素的，年輕氣盛的他老早就下定決心，一定要盡自己全力，擴張王權！

一個是主張自己是俗世主宰者的教宗，對上一個極度渴望擴張權力的皇帝，果然過沒多久，兩邊就開始因為一件事情吵了起來——「教士的任命權」。

事情是這樣的：神聖羅馬帝國境內有許多教堂，這些教堂都有主教，那麼，這些主教該由誰來任命呢？

教宗說：「這是教會的人事任命，當然應該由教宗來管。」

但皇帝表示不滿：「這在我的帝國境內，應該是由皇帝來管！」

剛開始，兩邊的書信往來都還滿客氣的。

皇帝寫給教宗的開頭是：「羅馬人國王亨利，向最親愛的格列高里教宗，致以忠誠的敬意。」教宗寫給皇帝的信件開頭則是：「格列高里教宗，向國王亨利致以問候和祝福。」

但兩邊最後火氣越來越大，年輕人終究是年輕人，亨利四世當年僅二十五歲，竟然直接在寫給教宗的信件開頭直呼其名：

「由天主任命的國王亨利,寫信給假教宗、假修道士希爾德布朗(教宗的本名)」!

到了這時,兩邊徹底決裂了。

西元1076年的新年剛過,兩邊就對彼此使出了大絕招:皇帝召開宗教會議,決議廢黜教宗!而教宗則對皇帝祭出中世紀最嚴酷的處分:「絕罰」(Excommunicatio)。

絕罰其實就是逐教令,代表將亨利四世趕出教會,接著,教宗通令神聖羅馬帝國人民:「我代表全能之神,通令:上帝已經奪回亨利之王位。我以上帝之子名,命令各諸侯、人民為維護耶穌基督宗教,應立即解除和亨利之間的君臣關係,並群起而攻之!」

亨利皇帝接到教宗的絕罰令後,最初只報以憤怒的冷笑,可是不久後就發覺不對——教宗的絕罰令比想像中還痛!因為當時,帝國內的諸侯們立刻召開臨時會決定:「我們現在給皇帝你一年的時間,如果一年之後,教宗還是沒有撤銷皇帝的絕罰令,所有諸侯就會廢黜亨利、另立新皇帝!」

皇帝大吃一驚,帝國境內的諸侯們,竟然是站在教宗那邊的!

現在的情勢很清楚,亨利只能親自面見教宗認錯,並請他撤銷絕罰。

1076年12月底,亨利帶著皇后和襁褓中的王子,千辛萬苦地在冰雪中爬過阿爾卑斯山,來到了一個叫作卡諾莎城堡的地方,請求會見教宗。

這時的皇帝披頭散髮、赤足光腳、身穿粗劣的懺悔服,在

凜冽的寒風中站了三天。最後，當教宗好不容易才答應見面，亨利四世立刻痛哭流涕、跪在教宗腳下，對他過去的一切言行表示無限懺悔。

教宗也知道，皇帝這樣的舉動只是一時的權宜之計，等到皇帝手握大權後，又會重新脫離教宗的掌控。然而，秉持著人性本善的想法，格利高里七世教宗撤銷了皇帝的絕罰。

當然正如教宗先前所預料，皇帝回去後，很快就發動了戰爭，懲戒了那些不聽話的貴族，接著再迫使格列高里教宗流亡歐洲各地，最後，烏爾班二世成為教宗的繼位者。

這時，剛好有來自君士坦丁堡的求援，請求西方派兵解救被穆斯林占領的聖城——耶路撒冷。烏爾班二世突然發現：「如果有一個外敵，那麼，全歐洲就會團結在教廷的旗幟之下了！」

因此在西元 1095 年，教宗烏爾班二世在法國克萊芒教堂，號召大家去解放聖城，歷史上浩浩蕩蕩的十字軍，開始了……。

基督教（中古世紀）示意圖

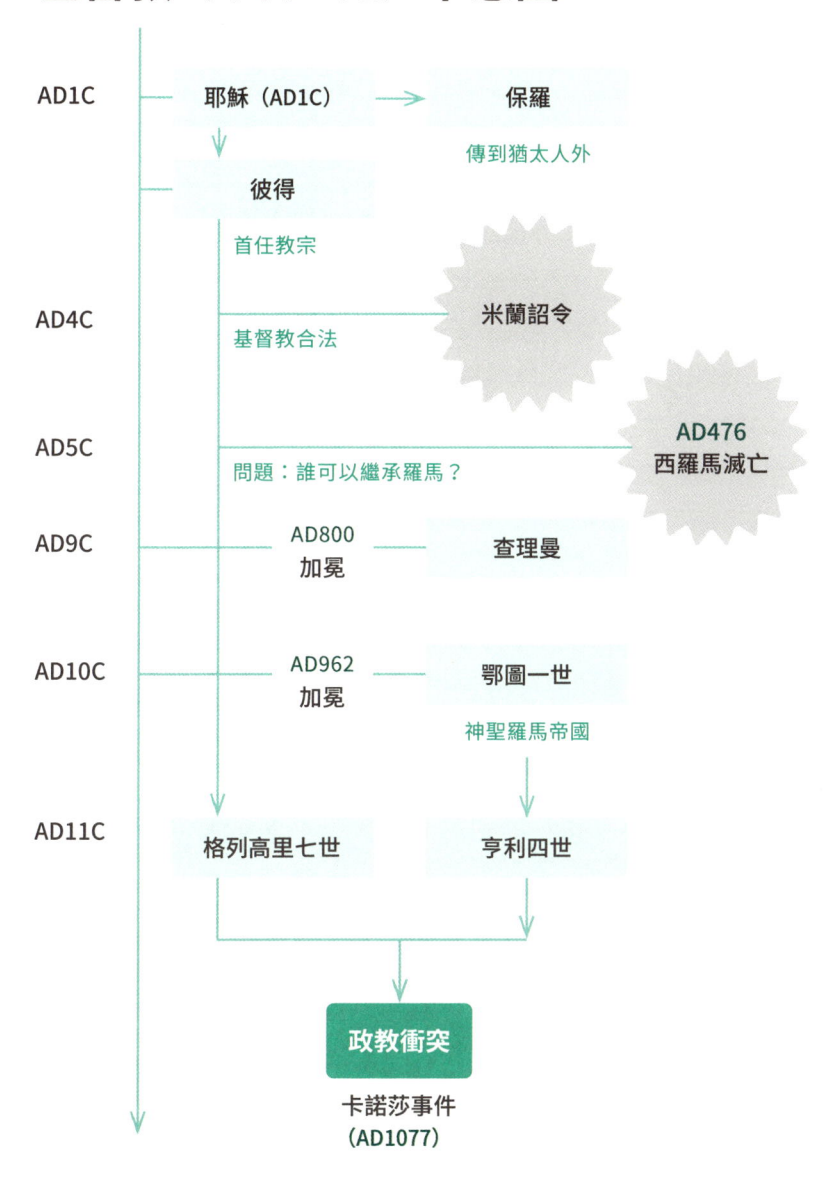

- AD1C
  - 耶穌（AD1C） → 保羅
    - 傳到猶太人外
  - 彼得
    - 首任教宗
- AD4C
  - 基督教合法 — 米蘭詔令
- AD5C
  - 問題：誰可以繼承羅馬？
  - AD476 西羅馬滅亡
- AD9C
  - AD800 加冕 — 查理曼
- AD10C
  - AD962 加冕 — 鄂圖一世
    - 神聖羅馬帝國
- AD11C
  - 格列高里七世　　亨利四世
    - **政教衝突**
    - 卡諾莎事件（AD1077）

第一章　古代文化與基督教傳統　　049

4

雖然你的技術改變了世界，但你可能還是窮得要死：

古騰堡和他既成功又失敗的創業史

> **課本關鍵詞**
>
> 印刷革命、古騰堡聖經、文藝復興、人文主義、馬丁・路德

在講完刺激的中世紀之後，就來到肚臍的部分：文藝復興。

肚臍只要著涼就容易生病，這也代表著在西元 1348 年，歐洲掀起了一場毀天滅地的大瘟疫：黑死病。傳說，當時蒙古的金帳汗國正在攻打東歐的克里米亞半島，但久攻不下，同一時間，蒙古軍裡又傳出一種恐怖瘟疫。絕望之下，蒙古軍直接把病死的屍體當成生化武器，用投石車轟往對方的城市之中⋯⋯那城市裡的人都崩潰了！──想想上百具病死屍體從空中飛了過來，整個城市臭氣熏天，裡面的人一一病倒⋯⋯，當時城市裡有一些義大利人，他們急忙開船逃離，心中只有一個想法：回家！

不過這些人也染病了，因此等他們逃回義大利後，義大利境內人民也中招，然後全歐洲就都中招了。

人民一個個倒下,然而,當時教士們在第一時間卻是想溜走!但當然還是有些教士非常克盡職守,留在城市裡面祈禱、下葬病人⋯⋯,然後他們就病死了。

其他人一看,心想:「等等,你不是教士嗎?不是應該有上帝保護你嗎?」因此,佩托拉克等知識分子開始懷疑教會,歷史上的「文藝復興」就逐漸萌芽了。

不過無論是文藝復興或之後的宗教改革,它們之所以可以快速蔓延,都多虧一個窮光蛋發明家,因為他的發明改變了歐洲,甚至整個世界──但他卻依舊是個窮光蛋。

在這篇,我們就要說說這個人既成功又失敗的創業故事。他的名字是古騰堡,而他的成就叫作「活字印刷」。

窮光蛋的創業夢

大約在 1394 年,此時黑死病已經結束大約半個世紀了。就在這時,德意志地區美因茨的一個金銀匠家中,一位叫作約翰尼斯・古騰堡的小孩誕生了。關於他早期的記載不多,只知道在他三十五歲左右,因為家鄉的一些權力鬥爭,他最後選擇離開了家鄉、來到現今德法邊境的一座城市史特拉斯堡。

史特拉斯堡是一座大城,雄心勃勃的古騰堡就決定:「我要在這裡創業!發財!但做為一個擁有金工知識的人,我到底要賣什麼呢?」

照道理來說,他應該做一些金銀首飾之類的產品,但古騰堡靈機一動:「欸,我可以賣鏡子啊!」這時一定會有人問:「為什麼是鏡子?」因為當年玻璃鏡尚未普及,大部分的鏡子還是由

光滑的金屬材料製成，而且古騰堡打算賣的也不是用來照美的鏡子。聰明的他知道在創業之前要先觀察群眾的需求是什麼，他發現北邊一個叫作亞琛的城市，即將舉辦七年一度的朝聖盛典，其中就展出了許多聖物，例如耶穌的裏布、聖母瑪利亞的長袍等等，當時人們普遍相信，只要在朝聖時高舉一面鏡子，鏡面就能吸收這些聖物的神力！

其他人聽到只會覺得「這太蠢了吧？」但古騰堡卻發現：「發財的機會就要來了！」因此他說幹就幹，旋即和別人合資，做了一堆鏡子想海撈那些朝聖客一筆。

理論上來說，他有製作鏡子的技術，又看到別人的需求，應該會發大財，對吧？但不幸的是，在朝聖年的前一年，歐洲再次爆發了鼠疫！

朝聖被迫取消。古騰堡抱著像山一樣高的鏡子，哭得跟淚人兒似的。

他消失了幾年之後，又決定要進行另一項新發明，他認為這項發明肯定能讓自己發大財，那就是：活字印刷！

這時就有人問：「古騰堡不是擅長製作金屬物件嗎？怎麼會去做印刷？」事實上，印刷最重要的就是製作出印刷字體的金屬模具，古騰堡的目標就是找到夠堅固耐磨，又要能吸墨的金屬。

雖然上一次創業失敗了，但有著三寸不爛之舌的古騰堡，竟然又說服了一名叫作富斯特（Johann Fust）的人，傾家蕩產借給他八百枚金幣。接下來，古騰堡開始不眠不休地做實驗。

就在連續實驗了好幾年後，他終於成功使用鉛、錫和銻等金屬，鑄造出能拿來排版的合金！接下來又開發出一款油墨，好

讓墨汁可以吸附在鉛字上,以及一部巨大的印刷機。

萬事齊備!接下來,就要開始印東西了。

古騰堡先印了拉丁文的課本,也從教會那接到了訂單,印些傳單、收據之類的。但這都不是他大展鴻圖的目標——古騰堡決定印基督教世界最重要的書:《聖經》。

人類科技的里程碑

古騰堡《聖經》是人類科技史上一項里程碑。在這之前的書籍大家只能動手抄,抄得慢又容易出錯,抄寫一本完整的聖經通常需要一至兩年的時間,但古騰堡的印刷術不但不會出錯,還很漂亮:在這本聖經上,古騰堡刻意模仿教會青睞的哥德字體。每個人看到整本經書文字精確對齊、頁邊空白完美一致,無不驚訝得啞然無言——古騰堡《聖經》全然匹配上帝的話語!

最後,古騰堡總共印了一百八十本《聖經》。正當他哈哈大笑地喊說:「噢耶!準備發財了!」的時候,壞消息來了——先前的債主富斯特實在是受不了他拖欠利息,一狀告上了法庭。最後,古騰堡只能將珍貴的壓印機、模具、活字還有所有《聖經》印刷本,全都給了債主抵債。1468 年,古騰堡孑然一身地在家鄉美因茨過世。

不過,古騰堡的技術徹底改變了歐洲,就像 AI 改變我們這個時代一樣——資訊傳播變得相當快速,義大利的佛羅倫斯、威尼斯、羅馬藉由印刷術,先後成為文藝復興的重鎮。五十年後,佛羅倫斯的麥第奇家族出了一位教宗利奧十世,他是一位喜好藝術但也好奢華的教宗,為了整修富麗堂皇的聖彼得大教堂,他的

部下們就想出一個方法：「啊，那就用印刷術來印贖罪券啊！」

於是，從 1517 年開始，教會開始派人到處推銷贖罪券。雖然當時還沒有「恐懼行銷」和「情緒勒索」等說法，但贖罪券的推銷者顯然很懂這招。

他先表明贖罪券可以幫助大家免受煉獄之苦，而且它還有個功能：幫助已過世的親友脫離煉獄！他大喊：「當你聽見過世的親戚朋友在下面哭喊時，你可以見死不救嗎？」、「銀錢叮噹響，靈魂出煉獄啊！」當時，贖罪券的推銷團隊來到了德意志的威登堡，這裡有位僧侶名叫馬丁・路德（Martin Luthur）。

他看到大家瘋狂採買這沒用的東西，趕緊說：「這只是一張紙而已！」然而這個情景，讓馬丁・路德決定採取行動。

1517 年 10 月 31 日，路德在當地教堂的門上貼出布告《九十五條論綱》，主要論點很簡單：<u>只有悔改才能得到赦免，教會法或教宗都無權減免人的罪。</u>

當天，這份公告就**轟**動了整個威登堡。在那之後，一個聰明（但多事）的學生把《九十五條論綱》翻譯成德文，並利用印刷術大量複印，不到幾個月，這篇文章竟然傳遍了全德國，接著又翻譯回拉丁文，傳遍大半個歐洲。它散播的速度之快，以至於有人驚奇地說：「似乎有天使在當傳遞的人。」

這件事情很快就被教廷知道了。馬丁・路德的言論幾乎是在否定教宗的權威！教廷把馬丁・路德押入宗教法庭中，準備以異端罪起訴他。

馬丁・路德的敗局似乎已定。但就在這時，馬丁・路德的學說也透過印刷術傳遍了整個神聖羅馬帝國，神聖羅馬帝國的官

員氣急敗壞地向羅馬匯報，德意志幾乎要產生暴動了——「十分之九的人喊出戰爭的口號『路德！』，而另外十分之一的人甚至喊出『羅馬教廷去死吧！』」

教廷在不得已的情況下，在沃木斯城召開了帝國會議，以決定路德是否為異端，而宗教改革也即將迎來最高潮。

馬丁・路德：「印刷術是上帝的終極禮物。」

在帝國會議召開前，馬丁・路德舉步維艱。不過，在進去會議前，他身邊的一名武士叫住他，並說：「小和尚，你即將踏上的道路，是我們這群身經百戰的戰士也未曾經歷的。但只要你的目的是正當的並擁有信心，你就奉主的名前進。放心吧，上帝必不離棄你！」

在會議上，教廷代表只要求馬丁・路德做出一個最簡單的回應：「你要繼續堅持自己的主張，還是撤回？」

面對教廷的壓力，馬丁・路德毫不動搖。他站在法庭中央，聲音堅定地說：「教宗的各項法律和無止境的敲詐勒索，是在吞噬基督徒們的財富。如果撤銷我所寫的內容，我要怎麼做才能阻止暴政？我不認為自己是聖人，但我也不能收回這些言論。否則他們將更殘酷地粉碎上帝的子民。」

最後，馬丁・路德說：「（所以）我不能，也不願撤回我的言論，因為基督徒不能說出違心之言。這就是我的立場，我別無選擇。願上帝保佑我。」

「這就是我的立場」這句音量不大的話，卻撞出一個新時

代的聲響。這等於是在說馬丁・路德的異端罪名正式成立,不久後,帝國議會便做出「沃木斯決議」,判處馬丁・路德的罪名成立。就在這時,傳出一個令人震驚的消息:馬丁・路德消失了!!

頓時謠言四起,有人說他遭到羅馬的謀殺;又有人說是被德國的反對派殺掉;流傳最多的是他被許多蒙面騎士「綁架」,消失在綠色密林中。其實,馬丁・路德是被支持他的薩克森選侯偷偷帶到一個安全的地方了。

馬丁・路德在那裡待了一年。但是,這種寧靜的生活卻無法持續太久。沒有路德的威登堡立刻陷入了混亂當中,失去信仰中心的眾人開始各說各話,「先知」們開始出現,但所做的卻不是引世人到自由人文的思想裡,反而使用各種神啟異象來號召群眾。

馬丁・路德聽到這些消息時極為痛心,因此他決定重新在威登堡現身,並開始登台傳講、寫文章,短短八天內就恢復了秩序,從此以後便待在那裡,直到離世。

宗教改革的烈火正式燃遍整個歐洲大陸,宗教戰爭一直持續到一個世紀之後的三十年戰爭,最後,新、舊教雙方終於簽署了承認對方信仰的奧格斯堡宗教協議。

教廷時代結束了,取而代之的是歐洲新的統治者:國王。

而這一切都因為資訊得以快速傳播有了全新的可能,無論是教廷還是反教廷的勢力,都使用印刷術來傳播自己的論點,或許正如同古希臘悲劇作家索福克里斯說的:「任何進入世間的強大之物,必會永遠改變我們的人生。」

第二章
個人、自由、理性

手臂
地理大發現
15世紀-17世紀

左腿
舊教

左膝
君主

宗教改革

法國大革命

右腿
新教

右膝
民主

（1）

愛情與權力，你選哪一個？

宗教改革的兩位女王，選對了不朽，選錯了斷頭

課本關鍵詞

宗教改革、基督新教、喀爾文、亨利八世、英國國教

愛情跟權力，哪一個比較重要？

如果你問我的話……開玩笑！當然是權力！權力可以讓你此生最不喜歡、最痛恨也最恨你的人，按照你的意志行事，你想想，這有多美好啊？

不過即使我這樣想，也難保有人會選擇愛情。我們在這篇要說的就是宗教改革時代的兩位女王，這對女王像是一對鏡子，一位選擇了愛情，而另一位則選擇了權力，她們的選擇究竟導致了什麼樣的下場呢？

新教、舊教，有那麼重要嗎？

上篇我們說到宗教改革，而現在也正式進入了歷史課本的

第二章：〈個人、自由、理性〉。如果拿「歐洲史是一個人」圖像來說，第一章是上半身，而第二章則是下半身，宗教改革就是大腿。

就像人有左、右腿一樣，當時的歐洲也分成了新、舊教兩大陣營。有人可能會問：「新教、舊教，有那麼重要嗎？愛信哪個就信哪個不就好了？」

事實上，還真的滿重要的。大家可能很難理解當時人們對於不同教派間的感覺，但如果拿狂熱程度來比喻的話，有點像台灣人對不同政黨之間的感覺。如果你突然發現對方的政治看法跟你一樣，瞬間就會覺得：「喔，他滿親切的。」但如果對方是另一個政黨的支持者，你可能就會覺得：「這傢伙腦袋有洞嗎？」（注意，我不是說信哪個政黨腦袋就有洞，這只是比喻。）

當時的新、舊教陣營感覺就像那樣，只不過對立的程度更高，因為這可是「上帝跟假上帝」之間的衝突！選錯邊可是會下地獄的！接下來就讓我們看看當時的情況是怎樣吧。

自從上一篇的馬丁‧路德之後，歐洲就分成舊教（天主教陣營）和新教陣營。其中新教分成德意志地區的路德教派、法國與瑞士的喀爾文教派，還有英國的英國國教派三大門派。

十六世紀時，英國歷史上最有名的國王亨利八世正愁容滿面。他跟元配凱薩琳已結婚了二十多年，卻始終無法產下健康的男性子嗣，只生下一名公主瑪麗。然而這時，亨利遇到了史上最有名的小三：安妮‧布林。

安妮‧布林把國王迷得七葷八素，幾年後便宣布懷孕了。亨利八世激動極了：「一定要想辦法和元配離婚，正式迎娶安

妮‧布林！」

不過，無論是想離婚或宣布婚姻無效，都得經過教宗同意，但壞就壞在教宗怎樣都不同意。此時，安妮‧布林開始灌輸國王一個新思想：「統治者不用對教宗負責，只需要對上帝負責！」

國王欣喜若狂地想：「對，我不用聽教宗的命令啊！」

因此，就在1533年，英國的坎特伯雷大主教「代替」教宗，宣布國王與王后的婚姻無效，教宗憤怒地把亨利八世逐出教會，連帶使得英國正式加入了新教陣營。

是的，所以英國國教派的誕生，基本上是因為亨利八世想離婚而誕生的。

不過，亨利八世之所以急著迎娶安妮‧布林，就是因為他把一切希望都放在她肚子裡的小孩性別：「拜託，給我一個男嬰，給我一個繼承人吧！！」

沒多久，安妮‧布林終於生下了──女孩，也就是伊莉莎白。

聽到消息後，亨利八世整個人癱坐在椅子上，他賭上整個國家的宗教信仰，結果卻是個女孩！

就在伊莉莎白三歲時，亨利就以安妮‧布林搞婚外情為由，把她給斬了。不過，有婚外情的其實是亨利，因為當時他已經又有一個新小三珍‧西摩。所以在我念書時，我們給亨利一個綽號，叫亨利王八世。

兩位女王，兩種選擇

時間就這樣過了十多年，亨利王八世就這樣娶了又砍、砍了又娶，一直到娶了第六任老婆之後，亨利八世終於死了。

亨利八世的大女兒篤信舊教，因此英國曾短暫回歸到舊教陣營。就在姊姊過世後，我們的主角伊莉莎白一世成為了女王。但現在有個小問題：伊莉莎白是新教徒，因此國內為數眾多的舊教徒打從心底根本不承認她，反而鍾情於她強勁的對手：蘇格蘭女王瑪麗・斯圖亞特。

瑪麗・斯圖亞特出生於 1542 年，才出生六天父親就過世了，因此她就成為了蘇格蘭女王。和伊莉莎白比較起來，瑪麗顯然更有優勢：她比伊莉莎白年輕近十歲，在那個生下繼承人高於一切的年代裡，瑪麗顯然更有可能生下男孩，而且瑪麗還是一名堅貞的舊教信徒，這對國內的舊教徒，以及國際上的舊教國家來說，顯然更有吸引力。

等到瑪麗十八歲時，兩位女王分別出現了熱情的追求者。英格蘭的伊莉莎白一直有位心儀的男士，叫作達德利。他是女王的寵臣，總是在寫給女王的信件中真情流露，舉止傳遞出無盡的溫暖，以及對女王的幸福表露出真誠的關心。伊莉莎白女王也很愛慕他，卻沒辦法嫁給他——因為達德利已經有老婆了。

然而，就在 1550 年，達德利的妻子艾咪卻被發現死在房間的石梯盡頭，脖子整個被扭斷！

消息很快就傳開來。對伊莉莎白女王來說，「達德利妻子」這個位置既然已經空缺，那應該就可以名正言順地嫁給他了吧？

並沒有。因為這時流言已經傳得滿城風雨：達德利想迎娶

伊莉莎白，不惜殺害自己的妻子⋯⋯不，甚至更可怕，或許就是伊莉莎白女王本人下令殺掉她的！

嫁給自己的愛情，就會引來嚴重的後果，甚至可能會引發革命。在王冠與愛情之間，伊莉莎白做出了抉擇：她永遠都不會嫁給達德利！

但是在蘇格蘭，瑪麗·斯圖亞特女王就不同了。十八歲的她熱情又衝動，沒多久就嫁給一位英國貴族達恩利勳爵。瑪麗之所以選上他，倒也不是因為他出身有多高貴，單純因為他身材比例好。（各位還不快給我去健身！）

結婚當天，蘇格蘭人民普天同慶。沒想到這位達恩利勳爵很快就原形畢露，他肆無忌憚地干預朝政，甚至當眾羞辱瑪麗女王。因此一年後，當瑪麗確定自己懷孕時，便開始疏遠丈夫，親近一個叫大衛的弄臣。沒多久，達恩利勳爵就發現這隻小狼狗的存在，他的手段很直接：買通一群暴徒，在某天的晚餐時間衝進餐廳，當著女王的面，對大衛連砍五十七刀，最後再將這團令人毛骨悚然的肉塊拋到院子裡。

瑪麗女王嚇得魂飛魄散，沒多久她就發現幕後指使者竟然是自己的丈夫⋯⋯。

兩種選擇，兩個結局

瑪麗女王憤怒至極。1566 年，當瑪麗女王生下新王子詹姆士後，就徹底冷落了丈夫，沒多久又有了新的對象，叫作博斯韋爾。

這位新小狼狗跟之前被砍死的大衛可不一樣，博斯韋爾是

真正的武士。沒多久，他們就陷入了瘋狂的愛情，在奧地利作家茨威格的《瑪麗‧斯圖亞特傳》裡，形容瑪麗對這位新小狼狗的感情：「我為他忘掉了名譽，我為他拋棄了家庭，在自己的國家遭人蔑視⋯⋯我可以去死，但求他高升。從此我明白我的一切都是為了他。我的寶座和王冠全給他，也許他終將明白，我只是執著追求：為他活、為他做牛馬。」

這感情真的是強烈到⋯⋯令人動容啊。

兩人都想結婚，但舊教是不允許瑪麗女王跟達恩利離婚的。這對充滿武士氣質的博斯韋爾來說，一點都不成問題：讓那傢伙消失不就好了？

當時，達恩利勳爵生重病，正在一個叫作格拉斯哥的城市療養。然而這時，冷落自己許久的老婆突然出現了！瑪麗溫柔地和他聊天，並提出要求：希望他能回去愛丁堡的宮廷裡。

達恩利勳爵雖然豪橫，但他對瑪麗的感情也是真的。因此即使是在病中，達恩利也堅持要回去。就在抵達宮廷前不久，兩人一同住在一座莊園，某天晚上瑪麗離開莊園去參加一場婚禮，就在當晚，莊園突然發生爆炸，沒過多久，就有人就在花園裡發現達恩利的屍體。

輿論四起，大家紛紛把矛頭指向瑪麗女王，還有她的新小王博斯韋爾。然而，就在兩個月後，女王在回到愛丁堡的路上，突然間遭到一隊人馬攔住去路。

攔住女王的不是別人，正是新小王博斯韋爾！

博斯韋爾強暴了女王。沒多久，女王就宣布：「因為女王已經被玷汙，如今只能跟對方結婚，才能挽救蘇格蘭女王被糟蹋的名節。」

就這樣,瑪麗女王親手釘上了自己棺材上的鐵釘:女王的丈夫被不明人士炸死,而丈夫屍骨未寒,女王就嫁給了頭號嫌疑犯!後來,宮廷又傳出另一起爆炸性消息:女王之所以急著要嫁給博斯韋爾,是因為女王已經懷上他的孩子,才演出這場綁架案的!

他們就這樣結婚了,然而這卻是蘇格蘭史上最淒涼的一場王室婚禮——舉辦的時間是凌晨四點,彷彿怕別人知道似的。

這時不管是新教徒還是舊教徒,終於有個目標促使他們團結在一起,那就是瑪麗・斯圖亞特女王!蘇格蘭人起身反抗瑪麗女王,而最後,瑪麗女王逃到了英格蘭。

斬殺女王,引得無敵艦隊入侵英國

從此,瑪麗便落在伊莉莎白的手中了。

在此後的十幾年,瑪麗從二十多歲的少婦變成四十多歲的中年婦人。本來的庇護所逐漸變成了軟禁她的所在,長久以來,她不斷要求伊莉莎白還她自由:「我懇求您,發發善心吧,隨便送我到哪個窮鄉僻壤都可以,我只想安安靜靜地等待天主召喚。」

但對伊莉莎白女王來說,這個要求無法辦到,原因在於當時英國國內仍有許多舊教徒擁護瑪麗,而且其他舊教國家,尤其是西班牙國王腓力二世,更是想方設法要扶植瑪麗。因此放走她無異於放虎歸山。

瑪麗也因而對伊莉莎白產生極度的恨意,在 1586 年,瑪麗被發現命人刺殺伊莉莎白。

最終，瑪麗被判處斬首。

瑪麗·斯圖亞特這位一生孤傲的女王，即使在這最後時刻，也堅持穿戴最華美的一身鮮紅衣裳，表明她是一個天主教的殉教者。

瑪麗平靜而莊嚴地步向刑場，然而劊子手不知道是不是太緊張的緣故，第一刀竟然失手，砍往後腦杓，發出了如雞蛋破裂的聲音。血腥氣味頓時充滿了整個空間，劊子手再次舉起斧頭砍第二下，但沒砍斷脖子，第三下才終於把頭砍掉。

就在瑪麗被砍頭之後，卻引發一個連伊莉莎白都沒有想到的連鎖反應：因為身為舊教代表的瑪麗·斯圖亞特被砍頭了，激怒了歐洲天主教世界，尤其是西班牙國王腓力二世（Philip II）。

一直以來，腓力都自視為天主教信仰的捍衛者，視伊莉莎白為異端女王。因此，他召集了西班牙最強大的無敵艦隊，浩浩蕩蕩地往英格蘭開去。然而最後，西班牙艦隊卻被英國海軍用祕密武器——八艘火船，給徹底擊潰。

英格蘭的黃金時代，從這時逐漸露出了曙光。

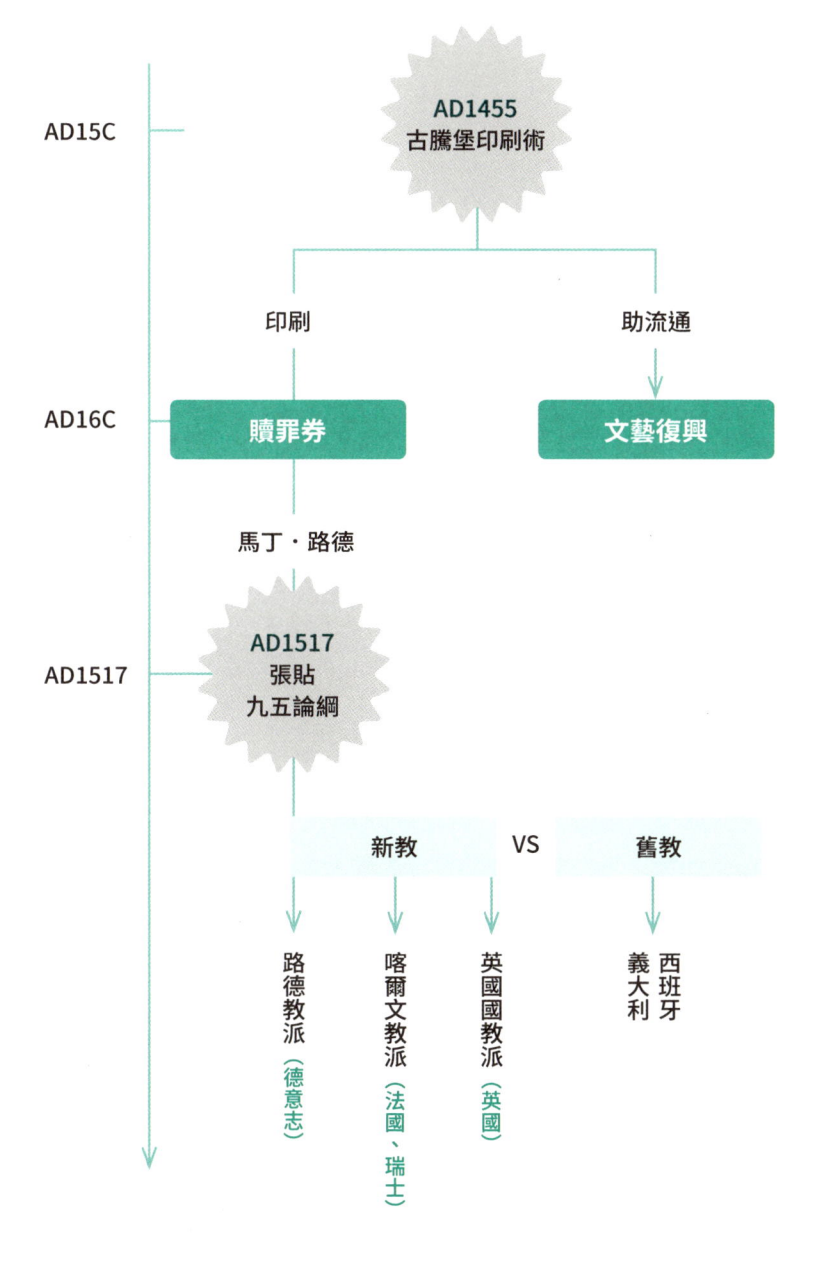

```
AD15C ─┐
        │           ┌─────────────┐
        │           │   AD1455    │
        │           │ 古騰堡印刷術 │
        │           └──────┬──────┘
        │            印刷 ┌┴┐ 助流通
        │                 ↓  ↓
AD16C ─┤        【贖罪券】    【文藝復興】
        │              │
        │          馬丁‧路德
        │              ↓
        │        ┌─────────┐
        │        │  AD1517  │
AD1517 ─┤        │  張貼    │
        │        │ 九五論綱 │
        │        └─────────┘
        │
        │         新教      VS     舊教
        │       ↓   ↓   ↓        ↓
        │      路  喀  英        義 西
        │      德  爾  國        大 班
        │      教  文  國        利 牙
        │      派  教  教
        │     (德  派 (派
        │      意 (英
        │      志) 法 國)
        │         國
        │         、
        │         瑞
        ↓         士)
```

第二章　個人、自由、理性　　067

②

誰說權威就一定對？

不斷觀察和質疑,你或許就能締造科學革命

> **課本關鍵詞**
>
> 天文學革命、哥白尼、伽利略、牛頓、萬有引力

如果你有一部望遠鏡,你會用來做什麼?

我知道有些同學可能已經想到一些不正經的用法。我換個方式問好了:假如你活在一個沒人知道望遠鏡這東西的時代,你會拿它來做什麼?

之所以要問這個問題,就是要測試一下大家的思想究竟是純潔還是骯髒。就在整個歐洲逐漸脫離教廷的控制以後,一個新的革命誕生了,那就是「科學革命」。

科學革命在課本上的講解也很抽象,它是這樣說的:「從哥白尼到牛頓,他們透過數學和觀察,不斷挑戰傳統宇宙觀,漸漸形成一個以理性認識世界的新方式。」

什麼意思?什麼是「以理性認識世界的新方式」?

我拿一個簡單的例子來說明好了。比方說現在有一個問題:

「為什麼太陽每天從東方升起？」

如果是在中世紀的年代，人們的答案是這樣的：「因為這是上帝的旨意啊！」

但如果是一個經過理性訓練的人，他會從觀察和預測來得到結論：「因為地球二十四小時會自轉一圈，並且是由西向東旋轉，所以我們每天會看到太陽從東方升起。」

這種透過觀察來尋找自然界遵循可知的規律，而不再只是依靠教會或神話的解釋，就是科學革命的功勞。

你敢相信嗎？掀起這場大革命的，竟然只是一個把望遠鏡對準天空的舉動。

誰是宇宙中心？地球、太陽，請選擇！

科學革命發生在十六到十七世紀間，很難界定這段運動的起點為何時，不過一般來說，早在十六世紀哥白尼時，科學革命就開始了。

哥白尼是出生自波蘭的天文學家、醫生、經濟學家。平常就是醫治病人，或是處理一下當地的公務事務，然而他最有興趣的還是星空。

當時對於世界怎麼運轉的有兩種看法，第一種叫地心說，第二種叫日心說。簡單來說，到底是「地球是宇宙中心」，還是「太陽是宇宙的中心」？1543 年，哥白尼按照自己的興趣，寫出了一本改變世界的作品《天體運行論》，大意就是：地球不是宇宙的中心、太陽才是。

但尷尬的點在於，教會主張地心說。換句話說，哥白尼的

書表明了教會的說法錯了。

開什麼玩笑！教會有什麼反應？應該會把這大逆不道的傢伙大卸八塊吧？

答案是：沒有反應。（啊？）

教會怎麼突然變這麼 Nice？理由很簡單，因為《天體運行論》的內容實在太難了！根本沒多少人看得懂，而且初版只印了四百本，甚至還沒賣完，更何況哥白尼也說這只是一種「數學假設」，不一定是真實的宇宙運作方式。也就因為這樣，哥白尼成功地躲過了教會的制裁長達七十多年，真是可喜可賀。

直到一個人的出現，哥白尼才又被推上了風口浪尖，那人就是伽利略（Galileo Galilei）。

伽利略比哥白尼晚生了九十多年。1564 年，伽利略出生在義大利比薩，八歲時舉家搬到文藝復興時代的文化與經濟重鎮——佛羅倫斯。他的家人原本期許他成為一位醫生，而他也如願考上了比薩大學的醫學專業。

不料就在進去之後的第一年，伽利略就發現課程太無聊了！尤其他明明是讀醫學的，結果還是要讀宗教和民法等知識。

後來在某堂課堂上，他開始出神——要是現代的學生，可能就會開始滑手機，看看短影音之類的，但當時的伽利略只是專注地望著天花板上的吊燈，他一邊按著自己的脈搏，一邊觀察吊燈搖擺的幅度，隨後驚訝地得出結論：不管鐘擺搖擺的幅度如何，搖擺的時間竟然都是一樣的！

就是這個契機讓他開始對自然科學產生濃厚的興趣，最後，他也因此成了一名數學家。

時間來到 1604 年。這時的伽利略即將邁入四十歲，他也成為了比薩大學的數學教授，興趣遍及數學、幾何學、力學和占星學（這在當時可是數學與天文學的集大成），也在這一年，一個天文奇觀徹底扭轉了他的一生。

　　1604 年，一顆超新星出現在夜空中，這是恆星在死亡時所產生的劇烈爆炸與閃光，明亮到甚至連白天都能用肉眼觀察到！這樣的天文異象引起伽利略強烈的好奇心，讓他從此開始凝視天上的星辰。就在超新星出現後五年，伽利略從威尼斯人口中聽到一項能讓人方便觀察的好工具——望遠鏡！

只用望遠鏡對準天空，就掀起科學革命

　　原來，望遠鏡是從法蘭德斯（今荷比盧）一帶傳來的酷東西。後來，伽利略得知了望遠鏡的原理：只要將凹面與凸面透鏡以適當距離排列，再把這裝置湊近眼睛，便可以把遠方的東西看得清清楚楚，這實在是⋯⋯太神啦！

　　了解原理後，伽利略立刻捲起袖子想打造出自己的望遠鏡。沒過多久，他就造出能把事物放大十倍的望遠鏡，並獻給威尼斯的總督。

　　總督一邊用望遠鏡觀察遠方：「太棒了！有了這東西，我們就可以從很遠的地方發現敵人的戰艦了！」隨後立刻重賞了伽利略，甚至還給伽利略終身教職的頭銜，之後他更努力研究，沒多久，就造出了一部放大率為二十倍的望遠鏡。

　　要二十倍的望遠鏡幹嘛？

　　伽利略沒有同學們的骯髒思想。在 1610 年初的某個寒冷夜

晚，他做了一件前無古人之事：他將望遠鏡，對準了浩瀚星空。

此時的伽利略到了沒有任何人來過的領域。他先觀察了月球，驚訝地發現月球上竟然也有火山口、山陵、峽谷——簡直就跟地球一樣！「有很多突出物與我們最崎嶇陡峭的山脈類似……。」

伽利略將這些發現公諸於眾，立刻引發了軒然大波。因為在那之前，人們一直認為月亮，甚至是所有星體，都是一片光滑的透明球體。然而伽利略觀察的月亮卻讓大家知道：月亮表面並不規則，天體的外型可能比人們想像中的還更像地球。

伽利略繼續研發，最後做出能放大三十二倍的望遠鏡，讓他可以觀測更遠的星球。他看到了木星旁邊有四顆衛星圍繞著它轉，這也得出一個結論：並不是所有星體都圍繞著地球轉的！

他開始不斷宣揚被遺忘已久的哥白尼體系，但這麼做也讓他惹禍上身。很快的，他發現自己被人指責違反了《聖經》，對此，伽利略表明自己的信仰無庸置疑，同時也說：「但我們不需要放棄同樣是上帝賜給我們的感官、理性與智慧。」

又過了幾年，他終於在1632年，出版了一本撼動世界的書：《兩大世界體系的對話》。那時的伽利略哪知道這本書竟會帶他通往深幽的絕境……。

竟然因為出一本書而惹火教宗

所謂的「兩大體系」，其實就是地心說與日心說這兩種說法。《兩大世界體系的對話》內容是由三個人組成：兩個人分別

支持地心說與日心說,第三個人負責擔任提問與仲裁的角色。這位人士先是提出一個問題,像是月亮的陰影、新星的出現,接著兩邊的支持者就開始為自己的體系辯護,而結果通常是那位堅稱地心說的代表被徹底擊敗,在承認自己輸了之後,三人便快樂地大吃大喝了起來。

這本書一出版,立刻受到各界的讚揚,然而,在讚美之後往往也會補上一句話:「但你的敵人絕對不會喜歡它。」

果不其然,這本書立刻惹惱了支持地心說的人,以及教宗烏爾班八世。因為這本書有個問題:伽利略在書中,將那位支持地心說的代表命名為「辛普利邱」(Simplicio),這個詞本身就有「低能」的意思。

此外,教宗一看,發現這位辛普利邱在書中所說的話,有許多都是教宗本人曾說的話。因此,教宗便認定伽利略是在藉這個「低能」之口,來拐彎抹角地罵他。因此,憤怒的教宗下令:立刻啟動調查!

伽利略的望遠鏡可以看見遙遠的天體,卻看不清籠罩在歐洲上空的政治風暴。教宗會如此氣急攻心也是有原因的。

當時 1632 年,是一個很不安穩的年分。舊教陣營跟新教陣營早已進行了將近一個世紀的宗教衝突,就在十多年前,位於現在捷克首都布拉格的城堡裡,一群憤怒的新教徒將舊教的代表給扔出了窗外。

這一扔,開啟了浩浩蕩蕩的三十年宗教戰爭。在伽利略出這本書的時候,舊教陣營的神聖羅馬帝國將勢力推進到北歐地區,卻在無意間挑起了與瑞典的爭端。

瑞典國王聯合了北德意志的盟友一路風捲殘雲,就在《兩

大世界體系的對話》出版的同年,新、舊教兩邊在萊比錫附近的呂岑(Lützen)爆發了最關鍵的戰役。

最後,舊教陣營輸了。

新教勢力的大舉抬頭早已把教宗逼到了極限。因此,當伽利略被帶到宗教審判法庭上時,教廷威脅他:「你,伽利略,有嚴重異端嫌疑。你反對《聖經》學說,說太陽不是從東方向西方運動,而世界的中心,地球倒是運動的⋯⋯。」

在宗教審判法庭的威逼之下,患有關節炎的伽利略痛苦地跪下,且被迫宣示:「我以誠實之心,誓絕、咒罵、憎惡我前面所說的錯誤與異端⋯⋯。」

伽利略認錯了,然而透過觀察與科學來求知的想法,卻傳到了英國——這是個新教國家,沒有教廷來干預政治,而且,就是在這個國家,有一個人將科學革命的成果集大成:牛頓。

牛老先生說自己是「站在巨人的肩膀上」,其中一位就是伽利略。在牛頓的生涯裡,他逐漸認識到:這世界不是上帝說今天毀掉這個城市,然後就會降下火球和洪水。在牛頓的認知裡,世界是一個運作良好的機器,按照幾個關鍵法則在運作。因此他在1687年發表《自然哲學的數學原理》,提出了自然課本中都會學到的三大運動定律以及萬有引力定律,用漂亮的公式,完美解釋了世界的運作原理。

這樣的發現,真真實實地震驚了世界!

牛頓深信上帝的存在,也相信上帝創造了宇宙的規律。他曾寫道:「這個由太陽、行星和彗星組成的最美麗的系統,只有來自一位智慧且有力量的主宰。」對牛頓而言,科學並不是在挑

戰上帝，而是在探索祂創造的規律。「沒有一股自然力能獨立於神發揮作用，神就在祂所設計的法則裡。」

就因為這樣的想法，開啟了現代科學的新時代。這證明了世界是按照可掌握的規律在運作，人只要依據自己的理性就能理解世界，不用依靠神。

那麼，就會有人開始想：「既然整個世界是按照幾條原則在運作，那麼對於人類的國度，我們能不能也規畫出幾條關鍵原則，讓整個國家，甚至整個人類世界都不用再按照國王的意志，就靠這些原則來運作呢？而那些規則又是什麼？」

下一篇，我們就來講講科學革命的親兒子：啟蒙運動！

3

啟蒙運動不是都很理性？

盧梭寫了一封信給伏爾泰，上面傲嬌地寫：「我恨您！」

課本關鍵詞

理性主義、伏爾泰、盧梭、主權在民

　　每次講到「啟蒙運動」，我都很想跳過。

　　請注意，我沒有說啟蒙運動不重要。我只是說每次讀到這個時代時，歷史課本總會給我一種……太抽象的感覺。你想想其他年代都有什麼戰爭、瘟疫等有故事性的東西，但啟蒙運動給我的畫面感就是一群哲學家坐在咖啡館，然後一邊喊「天賦人權！」、「不不不，三權分立！」、「主權在民！」……，很沒有故事性。

　　但當我看到啟蒙運動真正的故事時，我發現這些傢伙雖然喊著「理性主義」，但他們的對話實在很不理性啊！比方說，有一對叫作伏爾泰跟盧梭的啟蒙運動重量級選手，彼此間的談話應該會很艱深吧？……並沒有！伏爾泰評論盧梭：「看了他的書，

我感覺他叫我們都像猴子一樣往樹上爬。」而盧梭更直接寫信給伏爾泰，傲嬌地大喊：「我恨您！」

……這到底是個什麼樣的年代啊？

主導世界的不是「君王」，而是「定律」

我們先來講解一下「啟蒙運動」到底是什麼東西吧。

上一篇我們說到伽利略和科學革命，雖然伽利略後來認錯了，然而，這些透過觀察與科學來求知的想法，卻傳到了信仰新教的英國，尤其大大地影響了一個叫作牛頓的人，他的運動三大定律奠定了物理學的基礎、發現了地心引力、創造微積分的核心概念，為數學和科學提供強而有力的解析工具外，也順便搞死一票理工科學生……結果研究來研究去，人們發現：「上帝，其實就是個鐘錶匠！」

什麼意思？簡單來說，以前的人認為上帝就是個任性的傢伙，隨隨便便就在人間放個神蹟，或是施個天災之類的，但後來卻有些人宣稱：「不對，上帝其實是按照幾條關鍵規則創造了宇宙，就像鐘錶匠創造了複雜的鐘錶一樣。創造後就自動運轉，不再有神蹟插手。」

那麼這時候就有人想：「如果整個世界都可以按照規則運作，那人類世界是不是也可以不按照國王的意志，而是按照幾條原則運作呢？放入人類世界的『關鍵原則』又是什麼？」

大家紛紛舉手：「我我我！我覺得是⋯⋯。」

首先是英國的洛克同學，他喊出：「我主張『天賦人權』。

生命、自由、財產是人類不可剝奪的權利,連國王或教會都不能剝奪!」

眾人拍手。接著是來自法國的孟德斯鳩同學:「我認為是『三權分立』。將行政、立法和司法三個政府權力分開,也就是讓權力制約權力!」

眾人鼓掌得更大聲了。而這時第三位同學盧梭更是叛逆:「我主張『主權在民』。國王不是國家的主人,人民才是!」

拍手聲頓時停下了。在當時的法國喊出這段話簡直是大逆不道。當時可是「國王等於國家」的時代,誰跟你主權在民?這時,有人發出了輕蔑的笑聲:「呵呵,猴子。」

眾人轉過頭看,發現在後面冷笑的同學就是我們這篇的主角:伏爾泰。接下來,就是他們的故事了⋯⋯。

我們先說伏爾泰(Voltaire)。他出生於 1694 年,相比其他哲學家至少都有一個最有名的論點,伏爾泰卻幾乎沒有,那是因為他早年其實是在戲劇圈紅起來的。

在他二十四歲時,就以一齣悲劇《伊底帕斯王》轟動了巴黎。等他將近五十歲時,被接連推選為法蘭西學院院士、宮廷史官,甚至獲得「國王內宮侍從」等榮譽。有人幽默地說:「伏爾泰已經獲得了一切。從此他只需享受,還有等待死亡。」

總之,他這輩子真的是命滿好的,他也說:「我熱愛快樂與生命,更勝熱愛真理。」就在這一年,他突然收到了一封仰慕他的信,信中寫道:「先生,十五年以來,我一直在發憤努力,使自己配得上您的關注,能得到您對小有才華的後起之秀的提攜⋯⋯。」

伏爾泰心想：「誰啊？」看了看署名，一個名字頓時映入他的眼簾：盧梭（Jean-Jacques Rousseau）。

伏爾泰嘴賤，盧梭玻璃心

盧梭比伏爾泰小十八歲，出生於 1712 年的瑞士日內瓦。從年輕的時候，伏爾泰就是他的偶像。小時候的盧梭根本是抱著伏爾泰的著作睡著的：《哲學書簡》是他的啟蒙讀物，《阿爾齊爾》更使他被感動得差點喘不過氣來。因此在他三十歲、懷抱著音樂夢來到巴黎後，就鼓起勇氣寄了一封粉絲信給伏爾泰。

接著，盧梭又繼續在巴黎闖蕩。雖然見到不少上流人士，但他也逐漸發現，這個社會雖然表面祥和，其實只是建立在對弱者的壓迫上。就這樣過了幾年，某天盧梭突然在街上看到一則有獎徵文小廣告，題目就叫作：「科學與藝術的進步，是否有助於道德教化？」

根據盧梭的說法，看到這則告示後，他的腦袋「噹」的一聲，好像被人重擊一樣，靈感源源不絕地噴發出來。最後，他寫了整整一篇論文叫作《論科學與藝術》。對於這道題目，別人都是寫：「哎呀，科學與藝術多好多好啊，多有幫助於道德啊 blah blah blah……。」

但盧梭偏偏反其道而行：「不對！看看以前的時代，沒有科學或精緻藝術，但擁有純樸、簡單的人性。所謂的知識與藝術，往往都是為權力服務，不是用來幫助道德教化的。」

結論就是：文學、藝術或知識，都是在綑綁群眾的鐵鍊上編織出花環，它看起來沒那麼專制，但卻使人更難掙脫，所以人

不應該學習知識。

　　果不其然，這篇標新立異的文章立刻獲得了評審老師的青睞。這時的盧梭滿心期待地要獲得另一個人的贊同，也就是伏爾泰。他將書寄給伏爾泰，卻沒想到伏爾泰有個問題：他的嘴巴真的很賤。

　　事實上，當伏爾泰收到盧梭寄來的作品時，伏爾泰的反應是——沒反應。當時的他早就大名鼎鼎，根本不在乎一本「小學生作文」（原文如此），他甚至覺得不需要回信感謝盧梭。

　　但盧梭沒有放棄。五年後，他又寫了一篇《論人類不平等的起源與基礎》寄給伏爾泰，他才終於回信給盧梭。

　　但你想想，伏爾泰是創作戲劇起家，本身就重視科學技術與文化。現在突然收到盧梭的文章，通篇反技術、反藝術，他當然不會同意盧梭的說法，不過他又不好意思直接在信裡發飆，因此決定展現幽默。

　　他在信裡面這樣說：「先生，我收到了您這本反人類的新書，謹表感謝。」接著繼續寫：「……我從來沒有看過，有人這麼努力想讓我們變得愚蠢。讀完您的大作，讓我都想爬在地上，用四條腿走路。」最後還加上：「不過很可惜，我有快六十年沒有用四條腿走路的習慣，現在要改可能太晚囉……。」

　　從伏爾泰的角度來看，這樣小小的幽默無傷大雅，但看完回信的盧梭卻覺得天都要塌了。

　　你想想看，盧梭這輩子都把伏爾泰視為自己的精神導師，好不容易鼓起勇氣，把自己的心血寄給伏爾泰後，對方竟然以開玩笑的方式，打發這兩本著作，他該有多傷心啊！因此他又回了

一封信酸伏爾泰:「現在換我感謝你了。我把那本糟糕的書寄給你,不是為了得到你如此的『恭維』......。」

就這樣,兩人的關係從開局就不順利,隨著之後一連串事件,彼此就在怨恨的道路上,越走越遠了。

日內瓦劇場事件

1755 年,伏爾泰移居盧梭的故鄉,瑞士日內瓦。這位鼎鼎大名的人一來,自然吸引了許多當地的上流階級人士。伏爾泰在自己的住處邀請名流、舉辦劇本朗誦會,根據伏爾泰的說法:「幾乎所有在場的日內瓦議員們都被感動得流淚......我從未見人流過這麼多眼淚!」

最後,他甚至發下宏願:「我要在日內瓦建立一座劇院!」

這看起來是件好事,對吧?但不好意思,當時的日內瓦可是新教的喀爾文教派。這個教派比較類似清教徒,像劇院這種文化娛樂設施,在他們眼中都是腐敗墮落的產物。

當盧梭知道伏爾泰竟然要在自己的老家建造劇院,本來就覺得藝術文化會腐化老百姓的他,當然不能接受!因此就在一點點公報私仇的情緒下(我猜應該有私仇的成分在),開始發表文章,抨擊興建劇院一事。

盧梭說:「悲劇作品......對人們都有消極的影響。至於愛情作品,那更是腐化老百姓啊!而且劇院也有可能是上層統治階級的陰謀,用來腐化我們、操縱民意!因此,日內瓦絕對不該開設劇院!」盧梭的文章一發表,立刻在日內瓦引起巨大迴響,民眾分成「劇院派」和「反劇院派」,吵得不可開交。很快的,這

種對立便超出了戲劇的範疇,開始全面涉及宗教、政治等各項領域。最後在強大的民意壓力下,伏爾泰的劇院夢落空了。

這下,伏爾泰終於生氣了。

雖然兩人都是啟蒙運動的巨擘,但接下來,伏爾泰表現出來的卻很不理性:他開始使用假名發文痛罵盧梭!

他言辭刻薄地痛罵盧梭。說盧梭是個瘋子,還說他所有的著作都是枯燥的道德說教,甚至還揭露盧梭一個最痛的傷疤:他曾把自己的孩子送去孤兒院!

這樣揭瘡疤、人身攻擊的做法,讓盧梭極為震怒,加上當時還流傳其他攻擊他的匿名作品,使他幾乎確定幕後黑手就是伏爾泰。

因此就在 1760 年,兩人的故事來到最高潮——盧梭寫了一封信給伏爾泰,這也是他寫給伏爾泰的最後一封信。裡面最有名的就是那句:「我恨您!」

「先生,我一點也不喜歡您。我是您的門徒,又是熱情的擁護者,但您卻為我造成了最痛心的苦難。日內瓦收留了您,您的報答便是斷送了這座城市。」信是這樣結尾的:「總之,我恨您⋯⋯別了,先生。」

從此,伏爾泰和盧梭正式分道揚鑣(他們從來也沒在一起就是了)。就在寫完這封信的兩年之後,1762 年,盧梭寫下震撼整個社會的巨著:《社會契約論》。

主權在民

《社會契約論》開宗明義第一句話就是:「人生而自由,卻無往不在枷鎖之中」。簡單來說,整本書的論點就是國家是因人民而存在的,政府的權力來自被統治者的認可。套一句課本上常用的概念,就是「主權在民」。

想當然,這本書對當時政府的衝擊實在太大了,不論是社會上,甚至是盧梭昔日的親密友人,全都砲口一致地對他口誅筆伐。同年六月,法國最高法院下令焚書與逮捕令。

從此,盧梭展開了長達八年、顛沛流離的逃亡生活,他說:「黑暗藩籬,從此開始了。」

1778年,伏爾泰與盧梭兩人相繼過世,僅僅相差三十三天。雖然兩人都在啟蒙運動中大放異彩,但仔細一看,你會發現他們的想法還是有很大的差距:

伏爾泰強調理性,重視科學技術與文化;盧梭則嚮往往古老純樸的桃花源。

伏爾泰寄希望於社會改良、支持開明君主制;盧梭則主張徹底打碎王權、建立共和。

伏爾泰是寬容的保守派;而盧梭則是革命派。

那麼,到底哪個想法比較好呢?或許唯有合併兩人的想法,才能創造出日後的法國大革命。因為毀掉舊時代需要盧梭,至於建立新時代,則要依賴伏爾泰。

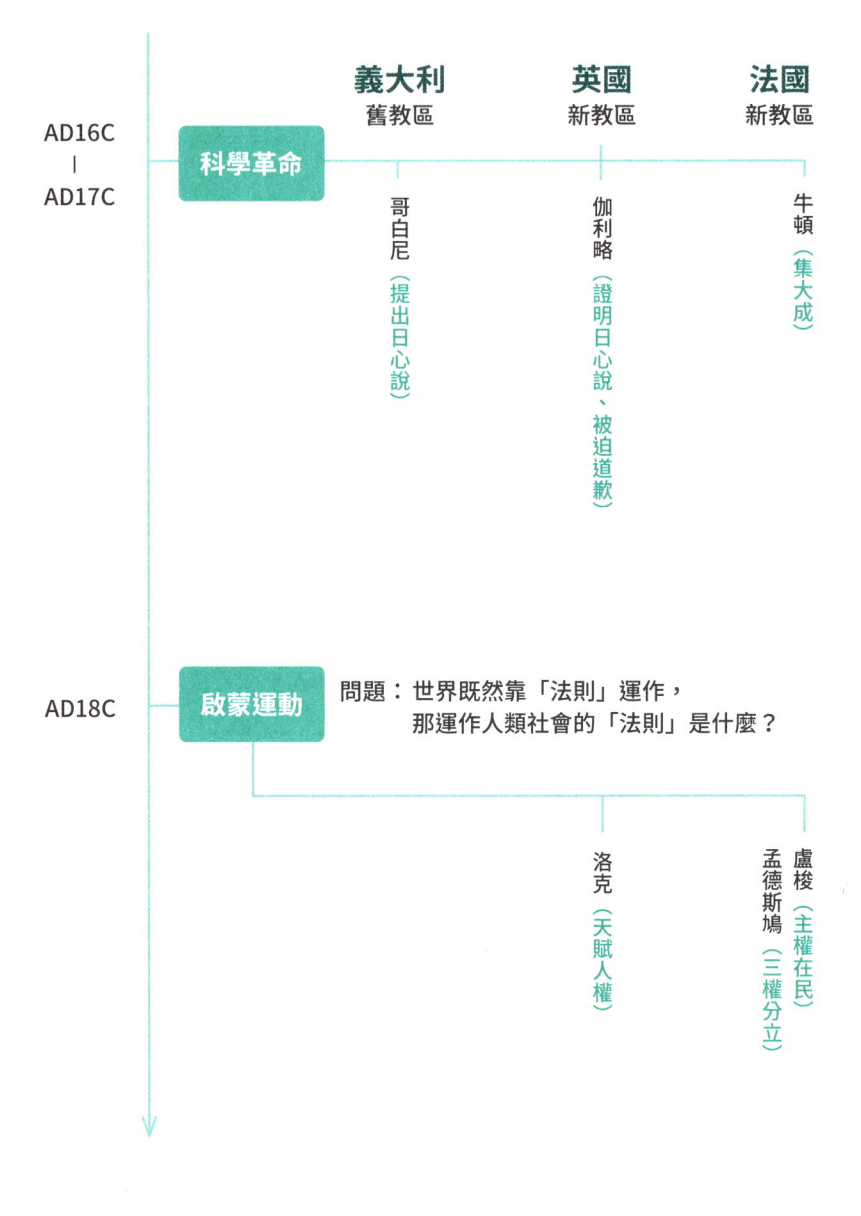

		義大利 舊教區	**英國** 新教區	**法國** 新教區
AD16C ｜ AD17C	科學革命	哥白尼 （提出日心說）	伽利略 （證明日心說、被迫道歉）	牛頓 （集大成）

AD18C　啟蒙運動　問題：世界既然靠「法則」運作，那運作人類社會的「法則」是什麼？

- 洛克（天賦人權）
- 孟德斯鳩（三權分立）
- 盧梭（主權在民）

④

為什麼很多革命總會越來越激進？

一場刺殺，讓法國大革命整個失控

課本關鍵詞

路易十六、三級會議、國民會議、人權宣言、國民公會

上篇我們提到啟蒙運動，在這篇就要來說啟蒙運動於現實的成品，就叫「法國大革命」。

我記得以前讀到法國大革命時，有個東西讓我非常苦惱，就是要背很多看起來長得簡直一模一樣的政體，什麼國民會議和國民公會啦、督政府和執政府啦⋯⋯所以在寫這篇文章之前，我還在苦惱要怎樣跟同學解釋這些政府的差別。

結果我一看課本──喔喔，現在已經沒有這些玩意兒了！太好了，那我就不講了（大誤！）

不過我也覺得，比起背那些很難背的政體，我更想討論一個跟我們現在比較切身相關的問題：「為什麼許多革命或政治運動，總是會難以挽回地往更激進的方向前進？」

第二章　個人、自由、理性　085

現在，我們就要來講一起讓法國大革命失控的事件：馬拉之死。

舊秩序崩毀

從十八世紀的啟蒙運動後，有越來越多人開始希望按照啟蒙運動的想法，來建立自己的國家，其中一個就叫作：美國。

1776 年，北美十三州正式宣告獨立。在經過漫長的獨立戰爭後，新大陸的人們真的趕跑了英軍、建立美國。就在這時，美國人做了一件前無古人的事情：他們不再找「人」來當國王，而是選了一本書來當自己的國王。

這本書就是美國憲法，裡面展現的就是啟蒙運動的「三權分立」精神。此後美國就確立「憲法至上」的精神，無論是誰當美國總統，都不能違背憲法。

就在美國人開始創建自己的全新國度時，遠在歐洲的法國也開始出現問題了。

為什麼？原因很簡單，就是那個酷東西：錢錢。

原來法國在十七、十八世紀間，屢次參加國際大戰，尤其是對抗法國的死敵英國。只要能打爆英國的戰爭，法國都會想參一腳——當北美洲正在獨立戰爭時，法國二話不說，說支援就支援！

結果法國得到的回報就是除了戰勝英國的愉悅感以外，還有沉重的債務。

到了 1788 年，法國的財政實在已經糟糕到無以復加的地步。法國財政部長顫抖著報告：「此時國家債務已經高達一億利

弗（livre，當時的貨幣），光是利息就高達國家收入的一半！」

這感覺就像台灣整年的歲收有一半竟然都是要拿去還債的。沒辦法，法國國王路易十六只好下令，召開三級會議，好解決財政上的困難。

當時的老百姓對這場會議寄予極大的希望，認為這是一次增加自己權利的機會。但會議開了整整五天後，連怎麼投票都搞不定：到底要一個階級一票，還是一人一票？

當時三個階級代表總共六百多人，但其中三百多人都是平民代表。所以平民會議認為：「應該每個代表一人一票！」

然而，代表教士和貴族的兩個階級說：「自古以來，就是一個階級一票。所以當然應該按照古法做事！」

兩邊越吵越凶，最後平民階級直接退出了三級會議、另組會議。因為第三階級占全國九成國民，所以乾脆就叫「國民會議」！

消息很快就傳到國王路易十六耳中。如果有看過我的前作《海獅說歐洲王室羅曼死》的人就知道，路易十六是個優柔寡斷的國王。當一邊的人要他接受平民訴求，另一邊則要他武力鎮壓平民時，他是沒有辦法做決定的！因此，優柔寡斷的國王選擇了第三條路：封鎖議場。

這些國民會議的代表聽到消息後憤怒至極，最後有人提議：「我們既然不能在這開會，那乾脆就在凡爾賽宮內的網球場舉行會議！」因此，國民會議就前往附近的室內網球場，在那裡發表至關重要的宣言《網球場宣言》：「直到完全制定法蘭西王國憲法，我等誓死不解散國民會議！」

時間就這樣來到1789年7月12日，就在即將正午時，巴

黎市民紛紛聽到謠言：政府準備對他們展開大屠殺了！在恐懼的作用下，人民攻陷巴士底監獄，巴士底監獄司令官死灰色的首級被插在長矛尖上。

消息很快傳回凡爾賽宮，路易十六吃驚大喊：「這是暴亂！」

旁邊一位公爵糾正：「不，陛下，這是革命。」

本來想保有國王的人民，最後決定斬了他

不過就算爆發了大革命，人民其實也沒有打算要罷免國王。

剛開始，大家只是打算改成一個君主立憲的政府，國王依舊受到大家歡迎。

那從什麼時候開始改變了呢？

就在大革命後幾個月，巴黎的麵包價格狂漲，因此一群憤怒的巴黎婦女遊行到凡爾賽，眾人殺掉王后的衛兵、把衛兵的頭插在長矛上，並將國王一家「請」到巴黎、監禁他們。恐懼的王室一家因而開始規畫逃亡的計畫。他們計畫了整整一年，最後就在1791年，國王一家從巴黎逃走了！

國王一家的目的地是東北邊的保王黨要塞，他們認為逃到那就安全了。眼看他們在即將逃到安全之地前的最後一站時，有個當地人卻從鈔票上的肖像認出了路易十六！他立刻通報當地革命黨，團團包圍馬車，喊道：「站住！」

結果，國王只能被困在當地。同時，巴黎人也發現國王逃走了，正緊急追趕中，法國邊境的保王黨也紛紛起來勤王護駕。決定他們命運的，就是邊境保王派的騎兵隊和來自巴黎的革命

軍,到底誰會比較早出現?

結果幾個小時後,保王派的騎兵來了!但是只有最精銳的四十名騎兵,大部隊還沒到。最後,優柔寡斷的路易十六決定:「等大部隊來!我們再出發!」

然而,來自巴黎的革命黨代表來了,宣布國民會議已廢除國王的權利。路易十六聽到後,低語了一句:「再也沒有法蘭西的國王了。」二十分鐘後,保王黨軍隊抵達。

國王一家逃走,翻轉了整個法國的輿論。就在把國王抓回來後的隔年,革命派成立國民公會(National Convention),正式廢除了君主立憲。

法蘭西第一次成立了共和國。眼下有個問題:要怎麼處理已經不是國王的路易十六?當時國民公會分成兩派,溫和派認為路易十六不是壞人,更何況如果殺掉國王,將會激怒全歐洲的君主國,引發各國圍攻法國,因此建議不要處決路易十六。

然而激進派(名叫雅各賓派)卻不同意。他們認為只要路易十六還活著,就會有人想把他重新推上王位,尤其是雅各賓派裡的政治領袖羅伯斯比(Maximilien de Robespierre,我們歷史系叫他:「蘿蔔絲餅」),他在眾人面前說出了一句話:「路易必須死,因為共和國必須生!」

國民公會做出了決定:1793年1月,路易十六被送上斷頭台。在斷頭台前,前國王說:「各位,我以一身清白之軀赴死。希望我的血能為各位帶來幸福。」

刀子落下,結束了這位前國王的一生。九個月後,他的妻子瑪麗・安東妮王后也難逃一死。果不其然,歐洲所有君主國家

立刻就爆炸了！在他們眼中，殺死國王不只是謀反，更是違背上帝欽點的統治者！歐洲諸國紛紛進攻法國。

就在這外敵環伺、國難當頭之際，發生了一件頓時改變整個法國政治局勢的事：雅各賓派裡最激進的意見領袖馬拉，被暗殺了！

死了比活著更有力量的人

1793 年 7 月 13 日，巴黎。

一名叫作夏綠蒂·科黛的少女走下公共馬車。這名少女穿著棕色絲綢連衣裙，渾身散發著貴族般的優雅氣息。她走到商店區，買了一頂黑底鑲著綠絲帶的帽子，也順便買了一把六英寸的菜刀，來到馬拉的住所。

馬拉是法國大革命雅各賓派的意見領袖之一。隨著激進派逐漸當權，馬拉卻在此時患上了嚴重的皮膚炎，渾身發癢，因此他每天只能浸泡在充滿草藥藥水的浴缸裡辦公。少女來到馬拉的住所前，拋出一個他無法拒絕的餌：她有雅各賓敵人在巴黎外運動的情報，必須當面見馬拉一面！

馬拉一聽：「什麼？有敵人的情報？」果不其然，馬拉吃下了誘餌，坐在浴缸裡接見了女子。女子吐出大量的名單，馬拉一邊抄寫，一邊得意地露出冷笑：「好極了，用不了幾天，他們全部都會在巴黎的斷頭台上了。」

正當馬拉得意洋洋之際，這名女子卻突然掏出預先藏好的菜刀，狠狠地往馬拉胸膛刺了進去！馬拉當場發出一聲慘叫，僕人一聽，迅速衝上樓，打開門看到一名女子，手裡拿著血跡斑

斑的刀⋯⋯。

夏綠蒂・科黛迅速被逮捕，經過調查後才發現她是雅各賓的政敵、吉倫特派的支持者。她這麼做，全是為了將法國從激進的雅各賓派中拯救出來。

科黛被送上了斷頭台，但事情還沒有結束，當時有一名同情大革命的畫家叫雅各・大衛（Jacques Louis David），在聽到馬拉被刺殺後，趕到了現場，創作了他這一生最出名的作品之一──《馬拉之死》。

這是大革命史上，最成功的一次宣傳。在畫裡，微弱的光線從天而降，馬拉胸口的刀傷流出鮮血，但他本人的表情卻非常平靜，他的一隻手還落在浴缸外，並緊緊抓著一枝羽毛筆，正書寫關於人民福利的計畫。

畫家成功了。

馬拉成為了殉道者，而來自人民的巨大支持，使雅各賓派掌握了法國政治的絕對權力。羅伯斯比甚至說出一句話：「馬拉之死，竟然比他活著更有力量。」

雅各賓派執掌了國民公會，也就從這時開始，法國大革命正式脫離自己的理想，開始了著名的「恐怖政治」。

雅各賓派開始大規模處決「革命的敵人」，當時處死的工具就是斷頭台，在大革命剛開始時，斷頭台一天只砍兩個人，等到恐怖政治時期，一天甚至會殺五、六十個人。而恐怖統治也蔓延到全法國。在法國東部有個城市叫里昂，這城市的居民下場最慘，因為處決者認為，斷頭台的效率實在太慢了！因此在1793年底，六十名「革命敵人」被帶到一個平原，所有人被綑綁在一

起後，平原上出現了十幾具大砲！

所有人叫喊著、顫抖著，隨著現場司令口令一下，大砲發出了巨響！

但這時出現了意外──因為大砲裡用的是霰彈，所以非但沒有立即把人打死，反而把這群可憐人打成血肉模糊，但還在尖叫的肉塊。最後士兵只能用軍刀和火繩槍，結束這令人噁心的任務。

然而，隔天被拉去處死的人更多，最後幾個星期，整個城市被處死了一千六百人。

被理念反噬的人

法國人心惶惶，同時羅伯斯比也大肆清除國民公會裡的政敵。雖然他是一個道德高尚的人，但這同時也是致命缺點：因為他的道德感太高了，以至於任何不符合他所訂下的高道德標準的人，他都會毫不留情地加以獵殺。

問題是，整個國民公會裡根本沒有符合這種道德標準的人！因此每個議員都恐懼到了極點，最終的結果，就是反抗！

1794 年，羅伯斯比在國民公會被議員突襲，他們說：「有個人在破壞共和，那個人就是羅伯斯比！」羅伯斯比想出聲反對，但所有議員全都在大喊：「打倒暴君！」打斷他的發言，最後，國民公會通過決議：逮捕羅伯斯比！

羅伯斯比急忙逃離國民公會。在第一時間，支持和反對羅伯斯比的人全都聚集了起來，內戰一觸即發，就在一團混亂中，羅伯斯比被槍擊中臉，以至於下巴被打碎了。

羅伯斯比，這個靠超強演講力煽動人心的人，從此刻起失去他說話的能力——他被逮捕了，沒過多久就被判處死刑。

執行死刑當天，據說有個女人突然衝到羅伯斯比前面詛咒他：「你這隻從地獄來的怪物！你馬上就要受到應有的懲罰了！現在去死吧，魔鬼。帶著所有法國母親和妻子的詛咒，下地獄去吧。」

事實上，羅伯斯比是真的為了大革命的理念獻身的。他這輩子很清廉，也甘於貧窮，想建設「窮人享有尊嚴，權力不會濫用的民主」這樣一個國度。然而，理念也是個危險的東西，它會操縱人心，最後使人犯下各種可怕的大屠殺和犯行。法國大革命是如此，日後的納粹和共產主義也是如此。

正如同有段話是這麼說的：「我們有恨，是因為我們有愛；我們有攻擊性，是因為我們深愛某樣東西，不願它遭受一丁點威脅……。」

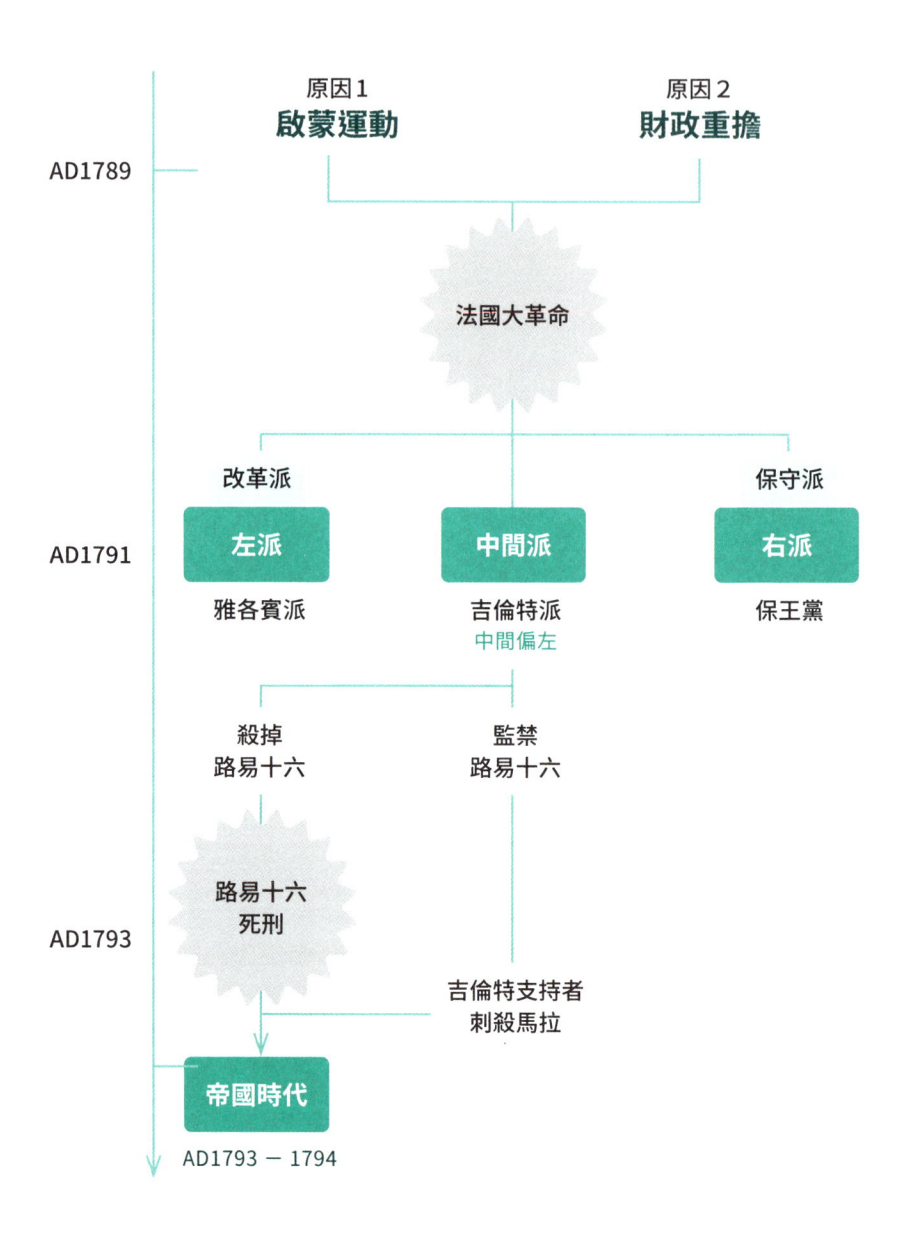

```
                        原因1              原因2
                      啟蒙運動            財政重擔

AD1789 ─┤
                              │      │
                              ▼      ▼
                            法國大革命

              改革派                              保守派
AD1791          左派          中間派                右派

              雅各賓派       吉倫特派              保王黨
                            中間偏左

              殺掉           監禁
              路易十六       路易十六

            路易十六
AD1793       死刑
                            吉倫特支持者
                            刺殺馬拉

              帝國時代
              AD1793 ─ 1794
```

094　人生的坑，都在歷史課本裡

5

社會主義是什麼？

至少,一天工作八小時是他們爭取而來的！

課本關鍵詞

工業革命、社會主義、馬克思主義、費邊社社會主義、漸進改革

在這篇來講一個跟我們更有關係的東西:工業革命以及社會主義。

社會主義主張平等分配財富,下面包含著許多派別,例如烏托邦主義、共產主義還有無政府主義。我要說的是,這裡面有些主義真!的!很!洗!腦!我當年在德國念書時,碩士論文研究的就是 1970 年代西德的一個小小共產主義分支。之所以會選擇這個主題,是因為我覺得他們實在很荒謬:一群生長在無憂無慮、資本主義世界的年輕德國人,卻支持毛澤東的中國?

好吧,你說當時毛澤東形象還很好,我覺得 OK,但他們又支持文化大革命?

好吧,當時文革的真相可能還沒有被披露,我也可以接受,但接下來我又看到……他們支持中國發展氫彈?還認同第三

次世界大戰？？？

⋯⋯這實在太有（ㄕㄣˊ）趣（ㄐㄧㄥ）了！

於是，我就開始尋找他們的宣傳資料，想知道這些人究竟是怎麼想的。碩論總共寫大約半年，到第三個月，我就和朋友說：「我覺得他們說的是對的。」

朋友說：「⋯⋯我現在非常擔心你。」

等到碩論寫完後，朋友立刻把我拉到當地最繁華的商店街，對我說：「你現在給我去買東西！感受一下資本主義的美好！」

對，他們就是這麼洗腦我的。

工業革命的前世今生

說到社會主義，我們得先談到十八、十九世紀發生的一件大事，叫作「工業革命」。最先發展出工業革命的，就是英國。

其實十八世紀末的英國，日子並不好過。那時英國正處於失去廣大美國殖民地的痛苦之中，1781 年，英國首相得知英軍在關鍵的約克鎮戰役投降後，他竟一改平日的沉著作風，揮臂狂呼：「哦！上帝，全完了！」連歐陸的國王們都認為「英國已降為二流強國」。然而這一切都沒有發生。因為就在這時，奇蹟般的工業革命，在英國誕生了。

工業革命之所以發生在英國，是因為英國發生了一場農業變革，叫「圈地運動」（Enclosure）。過去土地主要是生產糧食作物，但十六世紀後，英國發生了一件事：毛紡織業和羊毛產品

變得非常有利可圖。

如果你是地主，比起繼續種小麥，你當然會選擇去放羊啊！大量土地變成了牧場，許多農民卻因此只能流浪到大城市，為工業革命提供大量的勞動力。

而讓工業革命真正成為可能的人，是英國一個叫作瓦特的人。

有一個傳說是這樣的：瓦特小時候看到在火爐上燒開的水，水壺壺蓋被蒸汽掀動而受到啟迪，意識到蒸汽的力量，因而有了蒸汽機這項發明。

很可惜，這傳說是錯的。

事實上，人們早就知道燒水能產生動力。早在工業革命前一百年，土耳其有位老兄叫阿丁（Taqi ad-Din），這傢伙就是伊斯蘭版的達文西。他當時就曾向世人介紹一款早期蒸汽機，只不過當時他是拿來烤沙威瑪的肉的（「肉要旋轉烤才好吃！」）。

在瓦特之前，英國也已經有蒸汽機，叫作紐科門蒸汽機，簡單來說就是在同一個汽缸裡燒水、冷卻、再燒水來創造動力推動機器。不過這種蒸汽機效率很慢，頂多就是幫幫浦抽地下水之類的。

而這時，瓦特登場了。

他發現古早的蒸汽機之所以沒有效率，是因為蒸汽都在同一個地方變熱、冷卻、再變熱，效率當然不好！因此在進行各種研究後，在 1776 年推出了改良版的蒸汽機。

首先，一樣是在汽缸燒開水，把水變成蒸氣，接下來把水蒸氣引到一個叫「冷凝器」的地方，讓它在那裡冷靜恢復成水，再把水導回鍋爐中加熱，最後將水蒸氣推回汽缸。如此一來，汽

缸就可以一直是熱的，大大提升了蒸汽機的效率！

這是人類有史以來發現最新、最強大的動力。而且英國人還發現這東西的妙用：將蒸汽機放在輪船上就會變成蒸汽船、放在輪子上再加上鐵軌，就會變成火車。由於蒸汽機需要燒煤，因此在煤產量方面，從 1750 年的五百萬噸，在 1829 年直接衝到一千六百萬噸！整個英國欣欣向榮，不過就在這經濟繁榮的同時，大家也發現一件事：都是你資本家在賺！但廣大的勞工處境卻越來越糟，尤其是童工和女工──大量工廠雇用才七、八歲的小童工，每天在紡織廠工作十四到十八小時。

《英國工人階級的興起》裡寫道：「工人們走在街上很容易被人們認出他是幹什麼的，因為他有些關節總有毛病，不是雙膝內向、腳踝腫大、兩肩一高一低，就是彎腰駝背、雞胸或另一種體態畸形。」

也就在這樣的情況下，一種新的思想逐漸浮上檯面：社會主義。

社會主義，和它的徒子徒孫

事實上，社會主義滿早就出現了，大體上來說，它有幾種不同的型態。第一種叫「烏托邦社會主義」。十六世紀時，一位英國政治家湯瑪士・摩爾描繪了一個理想大同世界，命名為「烏托邦」（Utopia），意思就是「沒這地方」。到了十九世紀，一群思想家像是傅立葉與聖西門這些人，希望實現一個由科學家、工業家與文化領袖主導的國際共同社會，而統治階級則擁有善良與理性。這些願景都很美好，但現在卻有一個小小問題：要怎麼

實現呢?

烏托邦主義的人們表示:「噢,很簡單,只要告訴人們善良和理性,他們就會建立起這個理想社會了。」

你有沒有發現一個大問題?他們打造理想國度的前提是,大家都要能成為善良、理性的人。但人不可能全都善良、理性,所以這種國度根本不可能實現。因此其他社會主義者把這些人叫作「空想社會主義」,這本身就是有點帶貶義。

還有一種叫「馬克思主義」,這我們就比較熟了,畢竟我們的對面國就是號稱共產主義的。馬克思主義的建立者叫作卡爾‧馬克思(Karl Marx),他和前面那些空想家不一樣的是,他不像那些人那樣相信人性本善,而是認為資本家為了賺更多錢,就會拚命剝削勞工,因此有錢人會越來越有錢,絕大多數勞工都將陷入貧困中。

也正因為這樣,工人最終會起身反抗不合理的剝削,甚至以暴力對抗,建立出一個無產階級統治的政權做為過渡,最終建立一個沒有階級、沒有剝削的共產主義社會。

1847年底,馬克思跟他的小伙伴恩格斯,決定成立自己的聯合組織——共產主義者同盟。兩人著手撰寫一份政治綱領,用於共產主義者同盟大會上宣示自身的主張。馬克思和恩格斯不負重託,於1848年2月完成了《共產黨宣言》這部經典之作,說:「他們的目的只有用暴力推翻全部現存的社會制度才能達到。讓統治階級在共產主義革命面前發抖吧,全世界無產者,聯合起來!」

可以說,最早的共產主義有個特色:他們根本不認為可以透過議會這樣體制內的手段,來逼迫資本家讓出手中的權力與利

益,只有以武力才有辦法奪取政權。這樣的想法一直維持到二十世紀,像中國的毛澤東就說:「槍桿子出政權。」也是同樣的邏輯。

可能會有人覺得共產主義已經夠激進了,然而還有第三種,也就是左派光譜中的左中之左,叫「無政府主義」。跟馬克思主義不同的是,馬克思主義至少還想要建立一個由工人組成的政府和國家機構做為過渡,但無政府宣稱:最好完全消除政府和國家機構,要建立一個沒有階級、沒有中央政府的社會!

雖然無政府主義出現在歐洲,但事實上,無政府主義出過最大的事件,竟然是發生在最資本主義的美國。

五一勞動節的由來

事實上,該事件會發生在美國好像也很合理。

原來十九世紀末時,美國的資本主義已經發展到極致,貧富不均達到頂峰。1884 年,美國工人的每週工時已經來到六十小時,當時一個鞋廠的監工說:「讓一個身強力壯、體格健全的十八歲小伙子,在這裡的任何一架機器旁邊工作,我都能夠使他在二十二歲時,頭髮變灰白。」

因此,受夠這一切的美國工人階級終於聯合起來,向政府和資本家要求一個最重要的制度:八小時工作制。

八小時工作制是十九世紀初提出來的想法。想當然,老闆們對這種要求置之不理,最後勞工團體終於受不了了——1884 年 10 月,北美八個國際性和全國性工人團體在芝加哥召開集會,要求最遲在兩年後強制執行八小時工作制,如果資本家拒絕

執行,將會發動一場規模史無前例、足以停頓全美的總罷工!

很快的,時限到來了。但老闆們仍然沒有縮減工時的打算,因此在1886年5月1日,被後人稱為「勞工運動的誕生之日」的日子到來。

這天,無論資本家、警察、記者,每個人的神經都極度緊繃。因為這場罷工規模是史無前例的——整個美國竟有多達兩萬家公司的三十五萬人響應罷工。寬闊的街道上萬頭攢動,看起來就像有一頭詭異巨獸在蠕動前進似的。各種標語此起彼落,人山人海的街道上,勞工唱起了〈八小時之歌〉:「我們厭倦了白白的辛勞,得到僅能餬口的工錢⋯⋯我們要聞聞花香,我們要曬曬太陽。我們召集了我們的隊伍,爭取:八小時工作,八小時休息,八小時歸自己!」

剛開始,總罷工還是保持了冷靜。不過事情很快就失控了,因為沒多久,這些罷工者就發現,有些工人違背了罷工訴求,偷偷跑回去工廠上班。

大家知道只有所有勞工團結在一起、逼老闆停止運作機器,罷工才有可能成功,但資本家總是有辦法破解的,比方說加薪或升官,就會有勞工禁不住誘惑、回去工廠上班,那罷工的目的就失效了。

憤怒的罷工者很快地衝過警方的警戒線,大喊著那些人是「工賊」!正當兩邊產生衝突、推擠時,警方對著罷工者開槍。

警察的行為,惹怒了一名無政府主義者活動家,奧古斯特・斯皮斯(August Spies),他後來說:「我當時非常氣憤。我

從過去的經驗中知道,這種屠殺人民的行為,其明確目的是為了挫敗八小時運動!」

他們立刻回去印傳單,呼籲第二天所有人在乾草市場廣場（Haymarket Square）舉行集會。然而,一些印刷工在未經允許下,竟然將傳單的標題寫上:〈工人們,武裝起來!〉。雖然這句話很快就被刪掉,但是幾百份傳單已經外流,收不回來了。

隔天 5 月 4 日,工人們在乾草市場廣場舉行抗議,大批警力則在旁邊待命。一開始雙邊都還算克制,然而到了晚上十點半,警察集體前來,下令集會者散去。兩邊發生肢體拉扯,就在這時,所有人突然聽見警察陣營內部爆出一聲巨響,緊接著就是火光沖天。

兩邊的人都傻了,接著馬上意識到:有人向警方投擲了炸彈!

「有炸彈——!!」驚慌失措的警察掏出槍枝,二話不說就對著群眾一陣開槍。群眾四處逃竄,旁邊的平民也無法倖免,廣場附近的藥房擠滿了要求治療的病患。最終,衝突造成七名警察當場死亡,還有大約六十名警察受傷,民眾的傷亡更是慘重,根據《芝加哥信使報》估計,至少有五十名死傷的平民躺在街上。

直到 1889 年,為了紀念這段壯烈的歷史,在巴黎舉行的第二國際成立大會通過決議,將 5 月 1 日訂為國際勞工節。

階級衝突真的無解嗎?

然而正當這些衝突在歐美吵得沸沸揚揚時,十九世紀後期

的英國卻有人開始思考:「難道真的不能透過合法的手段,來改善工人的處境嗎?有錢人就真的這麼無法溝通嗎?」

原來在當時,英國開始出現一連串政治與民主改革,透過法案賦予民眾,甚至是工人階級投票權。人們才發現:原來社會就如同有機體一樣,是能夠成長、發展和進化的。

因此,英國出現了課本裡最後一種社會主義——「費邊社會主義」。

「費邊社會主義」是溫和漸進式的社會主義,目標在於讓更多工人階級獲得選舉權,以進行有系統的社會改革。在他們的努力下,最低工資、全民健保體系,甚至是世界名校倫敦政經學院(LSE)都是他們的遺產。

你認為呢?捍衛勞工權利可以從議會著手?還是只能從街頭起家呢?

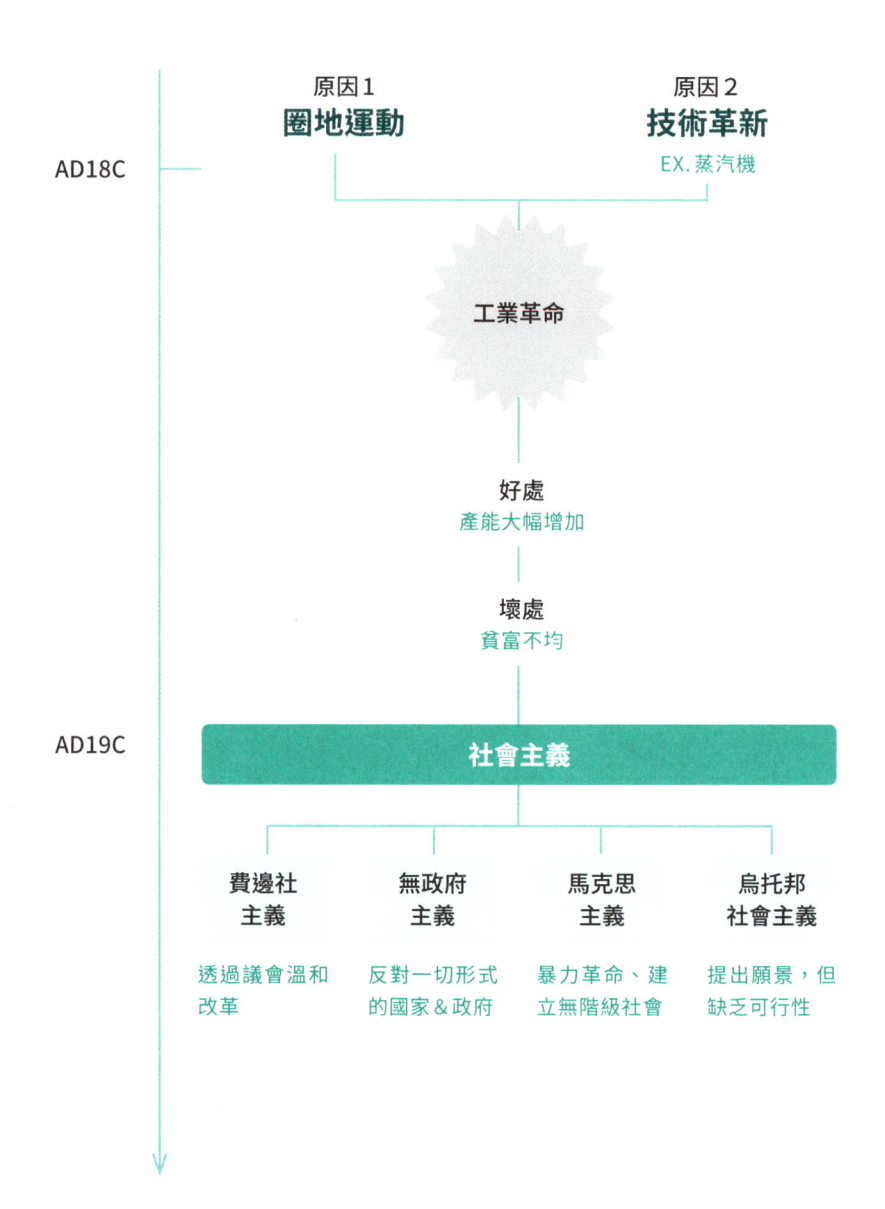

```
AD18C ─┬─────────────  原因1              原因2
       │              圈地運動            技術革新
       │                                  EX.蒸汽機
       │                 └────────┬────────┘
       │                          │
       │                       工業革命
       │                          │
       │                         好處
       │                      產能大幅增加
       │                          │
       │                         壞處
       │                        貧富不均
       │                          │
AD19C ─┤                      ┌─────────┐
       │                      │ 社會主義 │
       │                      └─────────┘
       │           ┌──────────┬─┴────────┬──────────┐
       │         費邊社      無政府      馬克思      烏托邦
       │          主義        主義        主義      社會主義
       │
       │        透過議會溫和  反對一切形式  暴力革命、建  提出願景，但
       │          改革      的國家&政府  立無階級社會  缺乏可行性
       ▼
```

⑥ 和平手段用完了還是沒效，該用激進手段嗎？

女性參政權的漫漫長路

課本關鍵詞

婦女參政權、一次大戰

上篇我們講到一個叫作「費邊社」的溫和改革，然後世界就迎向美好的未來了。這篇我們來講個激進的改革，叫作「女性參政權運動」。

女性參政權發生的時間點跟上篇提到的社會主義重疊，也發生在十九世紀末、二十世紀初。事實上，當你看到歷史上的一些抗爭或改革時，會發現有件事情很有趣：和平年代基本上就是風平浪靜，但只要一有反抗運動，它就是全部一起來。比如說十九世紀末有社會主義運動，也有女性參政權運動；1960年代有反越戰運動，同一時間，黑人民權運動、多元族群的 LGBT 運動也開始了。

之所以會這樣，是因為不同的反抗團體間是會互相聯繫、

支援的,有時候甚至連反抗者自己都帶有雙重性,比方說有位抗議者本身是勞工也是女性,那她就有可能同時參加勞工運動和女性運動。

我們的主角艾米琳‧潘克斯特(Emmeline Pankhurst),就是同時具有社會運動和女權運動的雙重身分,她帶領的「婦女社會政治同盟」(WSPU)就是整個女性參政權運動中最重要的團體之一。

她面臨的困境是:當和平手段全都用盡了,卻還是無法達成訴求,你會越過那條名為「法律」的紅線嗎?

女權主義的起源

我們先來說說艾米琳吧。

1858 年,艾米琳出生於英國曼徹斯特的一個中產家庭。當時英國處於一個新舊交雜的時代,一方面,所有人對女性的想像就是典型的家庭婦女形象,只要一結婚,就會立刻失去獨立的經濟地位,只能負責家庭瑣事,而負責生計的丈夫就是每個家庭的大家長。這種情況尤其在中上階級家庭裡更為明顯,女子教育的主要目標,就是培養她們成為溫順婉約的標準女性,然後嫁給合適的丈夫,過著幸福快樂的日子。

然而一股革命的風,終於吹進了古老的傳統之中。

1789 年法國大革命前後,自由、平等思想開始傳進了英國:「既然生命都是平等的,女性的生命不也和男性一樣是平等的嗎?」這樣的想法,深深鼓舞了一些英國前衛女性,尤其是女作家瑪麗‧沃斯通克拉夫特(Mary Wollstonecraft)。就在大革命之

後三年，這位女作家出版了自己的成名作：《為女權辯護》。在這本書中，她呼籲理性教育的重要，認為這能使婦女脫離痛苦的人生，並提出婦女應該和男性一樣，享有相同的教育權、工作權與選舉權！而這本書被廣泛認為是西方女權主義運動的奠基之作。

然而在我們的主角艾米琳出生時，男女平等依舊只是個理想而已。

雖然當時英國已經通過了許多民主法案——先是男性資產階級獲得了投票權，然後又擴大到勞工階級。然而他們一方面提出了自由、平等這樣的概念，但另一方面又把女性排除在這樣的平等之外。就在艾米琳十五歲時，她的母親帶她去了一場奇特的集會，那就是婦女參政協會的活動。

根據她的自傳，當時她被這些演講的內容深深吸引，甚至到了感動的地步：原來女性也是可以走進公眾、獲得投票權的！長大後的她也開始走上了政治一途。

現在問題就來了：如果妳是生在十九世紀的女性，想獲得投票權，第一步該怎麼做？

答案是：加入男性們的政黨。

十九世紀的英國政壇分成兩大黨派，分別是代表貴族利益的保守黨，以及代表中產階級利益的自由黨。這些女性參政主義者左看看、右看看，決定還是和自由黨合作比較有希望。

然而因為女性參政權在當時的爭議性仍然太大，因此每次選舉陷入膠著的時候，自由黨裡就會有人說：「不如我們先暫時擱置女性參政這個問題吧？」艾米琳因此對自由黨心灰意冷。在她看來，自由黨只是一個讓婦女服務男人的政黨而已。因此她決

定與自由黨分道揚鑣，把目標放在代表勞工階級的新政黨：獨立工黨。

1894年，艾米琳加入了獨立工黨，並當選了查爾頓地區的濟貧法監護人——這是個負責管理地方救助貧民與救濟院運作的地方官員。光聽就知道這是一個吃力不討好的工作，但也因為這項職務，她終於有機會看見社會底層的悲慘境遇——在嚴冬的工廠裡，一些只有七、八歲的小女孩穿著單薄的衣服，一邊瑟瑟發抖，一邊跪在冰冷的地上擦拭長廊；她也看見那些即將臨盆的女工，卻仍須挺著肚子、艱苦地工作，在分娩兩週後，就得回去工廠上班，否則就得流落街頭。

這個職位使她認定：唯有獲得投票權，婦女才能徹底改變自己的命運！她說：「……正是擔任濟貧法監護人的工作，使我開始意識到，女性擁有選舉權不僅是一種權利，而且是一種迫切、不容置疑的需要；正是那些無法得到保護的貧困母親和嬰兒的悲慘境遇，激勵我成為戰鬥的參政者。」

但是，獲得投票權卻是一條遙遠漫長的路。1897年，原本分散的各婦女組織終於聯合成立全國婦女參政團體協會，並且採用溫和的手段進行修憲運動，然而，努力了一大圈，婦女獲得投票權的日子依舊遙遙無期。

但貧苦的女性勞工每一秒鐘都在受苦啊！只要沒有投票權，就沒辦法讓政府傾聽她們的聲音，就在這接二連三的打擊下，艾米琳對溫和手段失去了耐心。

轉型成戰鬥組織

1903 年是英國女性參政權的關鍵年分。這一年，艾米琳與十七個婦女參政團體成立「婦女社會政治同盟」，強力要求政府改變對女性的歧視待遇，認為如果全國有一半人口被排擠在政治體制之外，那這種政府根本就是名不符實的，她們喊出的口號就是：「要行動，不要空話！」（Deeds, not words!）

事實上，艾米琳真的付諸行動了。在這之前，婦女參政主義者大多是找議員陳情，然後議員說一些「噢，當然，我們一定要支持！」的話，最後就沒下文了。艾米琳她們則是直接上街頭——她們在街頭巷尾舉行公開集會，根據她的說法：「我們通常會選好一個地點搖鈴，當人們聚集起來後，我們就站在帶來的椅子上演講，並分發傳單。另外也進行了許多大廳集會和客廳集會。」

但這還不夠，她們還要想辦法上新聞版面。她們知道新聞都不報導這些集會消息，不是因為想刻意打壓，而是因為沒有新聞價值！「婦女參政權不是新聞，但戰鬥是新聞！」1905 年，兩名婦女參政權的成員趁著自由黨在造勢時，直闖他們的造勢場合並頻頻發問：「若自由黨再度執政，是否會給女性選舉權？」

不過不管她們再怎麼重複提問，問題還是會被台上的講者無視。最後，她們乾脆把問題寫成紙條、傳到講台上，不過台上的人依舊拒絕回答。最後，自由黨甚至出動了警衛，並把她們扔出會場外。

這下真的尷尬了，自由黨號稱「自由」，結果當大眾看到兩名沒做出什麼不得體的事，衣著也相當體面的婦女，只因行使

她們的提問和言論自由,就被粗魯地扔出會場外,輿論一下就爆炸了,婦女參政運動受到的同情竟比過去二十年和平運動還多。

女性參政者繼續使用打斷集會的方式。不是突然拉出「婦女選舉權」橫幅,就是打斷台上講者的演講。不過,這些政治集會的主辦方已經有備而來了,他們不是派人把這些女性參政者打得鼻青臉腫,就是直接找警察逮捕她們。當她們被關進監獄後,也會用絕食的方式來表達抗議,獄方人員甚至得以強迫灌食等方式來逼她們進食。

1908、1909 年,每當女性參政者派遣代表前往議會呈遞請願書或決議案時,結果卻總是遭到警察阻攔、毆打,最後甚至有大約上千人遭受牢獄之災。1911 年,當英國首相再次駁回下議院已經通過的和解草案時,迫使女性參政者採用更加激進的戰術,包括縱火、砸窗和炸彈攻擊,尤其是知名的婦女參政抗爭者艾蜜莉・戴維森(Emily Wilding Davison),她這一生曾遭九次被捕、七次絕食、四十九次被強制餵食。在 1913 年的一場賽馬比賽中,她拿著「婦女參政權」旗幟衝進賽道,結果被喬治五世國王的馬給撞倒,最後傷重不治。

看到這邊或許有人會說:「這也太激進了!」但艾米琳從濟貧法監護人的經驗得知:婦女,尤其是勞工階級婦女的處境只有獲得選舉權才有辦法改變。只有婦女獲得選舉權,才能使政府照顧婦女的利益,進而在離婚、財產、同工同酬方面,考慮到她們的想法。

在某次受審裡,艾米琳說:「我們的職責是讓這個世界變得對女性更加友好。我們相信如果得到選票,會使我們的姊妹有

更好的境遇;如果得到選票,婦女的工作就會減輕。」

改變世界的大戰

然而,以上這些手段雖然吸引了眾人的目光,女性參政的目標卻依舊沒有達成。相反的,當艾米琳在一場英國國難中,選擇與男性站在一起時,卻讓女性參政有了成功的曙光。

1914 年,英國對德宣戰。在這舉國動員的時刻,艾米琳決定立刻停止與政府抗爭,女權主義者加入志願服務大軍,並號召女性投入生產,使得有越來越多可以取代男性的工作出現。而這樣的舉動也獲得了政府的正面回應:政府宣布釋放被關押的參政權運動者。

到了 1918 年戰爭結束後,為了承認與感念女性在戰爭中發揮的巨大作用,政府終於通過《1918 年人民代表法案》(*Representation of the People Act 1918*),賦予三十歲以上、擁有財產或大學學歷的女性投票權。

女性參政權終於在 1920 年代獲得初步的成果了。

伊斯蘭與世界、西方與世界

第三章

右膝 ——
民主

法國大革命

左膝 ——
君主

① 過去千年沒發生，不代表明天不會發生

轟爆世界的巨炮與君士坦丁堡陷落

> **課本關鍵詞**
>
> 伊斯蘭、奧米亞王朝、阿拔斯王朝、鄂圖曼土耳其、君士坦丁堡

各位同學，我們終於來到課本的第三、四章〈伊斯蘭與世界〉和〈西方與世界〉了！為什麼這兩個主題被我併起來一起講呢？主要是因為我不會伊斯蘭……噢，不是，是因為課本裡大多在講伊斯蘭教義、儀式等資訊，比較缺乏一些故事性的東西，再加上這章基本上就是在談伊斯蘭世界的擴張，接著是歐洲的擴張，滿適合放在一起講的。

那我們就開始吧！

讓你這輩子都忘不掉世界宗教的建立順序

同學可能會覺得奇怪：「為什麼前面篇章歐洲講得好好的，

怎麼突然間就來個伊斯蘭世界呢？」欸嘿，這就是我在〈前言〉說的，歷史課本不是看「怎麼上課會比較順」這個邏輯，而是看「國家認為學生需要知道什麼東西」這個邏輯。

你想想，台灣這幾年的新南向政策，還有越來越多來自馬來西亞、印尼等地的穆斯林也來到台灣，如果世界史只講歐美，就會有人覺得：「等等，不是世界史嗎？那非洲、中東也要講啊！」因此，伊斯蘭這個章節就誕生了。

我們先簡單回顧一下宗教的歷史。記得以前我在讀書時，老師教過我們一個世界宗教的創建順序口訣，有點蠢，但保證從此以後再也忘不掉 XD

是說大家都知道《白雪公主》故事裡的魔鏡吧？在白雪公主過著幸福快樂的日子之後，魔鏡就遇到了女魔鏡。兩鏡一見鍾情，接著就生了小魔鏡，之後又有了小小魔鏡。最後這魔鏡宗親會變得無比龐大，因此成立了一個組織，叫「魔鏡會」。

但魔鏡會最後竟然魚肉鄉里、作惡多端！上天看不下去，就派天兵、天將下凡鎮壓，終於平定了魔鏡會！但上天還是很怕他們死灰復燃，於是就「由仙佛督導魔鏡會」（猶、祆、佛、督、道、摩、景、回）。

猶太教（從亞伯拉罕算起，約前十八世紀）、祆教（約前六世紀）、佛教（約前六～五世紀）、基督教（一世紀）、道教（二世紀）、摩尼教（三世紀）、景教（五世紀）、伊斯蘭教（七世紀）。

是不是很好記！！

不過我也要發個免責聲明，早期宗教的起源年分是有爭議的（比如說釋迦牟尼的出生年分，最早和最晚的說法差了快三百

年）。總之這只是記憶的口訣，方便大家考試而已。

伊斯蘭教誕生於西元七世紀，是世界宗教裡最晚的。它的創建者叫穆罕默德，他統一了阿拉伯各部族，建立最初的伊斯蘭社會。不過就在穆罕默德過世後，由於沒有指定繼承者，因此有人就說：「他的繼承人由誰來當呢？不如就由我們來推舉吧！」但另一派人則表示：「不行！穆罕默德的衣缽，當然要由穆罕默德的親人來擔任！」

最後，選擇推舉的那派成了「遜尼派」，堅持穆罕默德親人的則成為了「什葉派」，也就是我們常常在新聞裡聽到的兩派系。

接下來，伊斯蘭世界出現了兩個以阿拉伯人為主的朝代，分別叫作奧米亞王朝與阿拔斯王朝。不過，在西元九世紀中葉後，有一支新的民族崛起，並掌握了王朝的軍政大權，他們叫作突厥人。

突厥人（Turk）起源自中亞，之後來到現在的土耳其並與當地人民通婚後，逐漸演變為土耳其人（Turkey）。十一世紀後，土耳其人接連建立了兩個帝國，第一個叫塞爾柱土耳其；第二個就是我們的主角，叫作鄂圖曼土耳其。

一個帝國、一個信仰、一個君王

自從十三世紀，一位名叫奧斯曼的君主建立了鄂圖曼土耳其帝國後，就開始了閃電般的擴張步伐。隨著時間來到西元十五世紀，這個國家傳到了第七任蘇丹，也就是穆罕默德二世

（Mehmed II）的手中。當時，這位蘇丹才十幾歲，別人是這樣描述他的：「他非常年輕⋯⋯身材強健、體格魁梧；非常慷慨大方，但執行計畫時卻無比執拗。而他也渴望統領天下，他宣布，他將從東方進軍西方。他說，世上應當只有一個帝國、一個信仰、一個君王！」如果只是普通的十幾歲小孩這樣喊，別人只會覺得他是個死中二病，但穆罕默德二世可是認真的，他的目標就是位於東歐的拜占庭！

拜占庭帝國就是東羅馬。早期羅馬帝國分成了東、西兩半，西羅馬早在一千多年前就已經滅亡了，但東羅馬卻撐到了現在。

雖然拜占庭國勢已大不如前，但要攻下它──尤其是攻下首都君士坦丁堡，幾乎是個不可能的任務。

我們來看看它有多難打：

首先，整座城市的三分之二背朝海面，這片海的海流洶湧，又常有風暴，因此要進攻的話，最好還是從陸地進攻。但剩下的這三分之一陸地則被打造得固若金湯，如果敵人要入侵，會先面臨一道二十公尺寬的護城河，在你渡河的時候，守軍就可以拿弓箭，把游不快的你當靶子一樣射。

如果你夠幸運，渡過了護城河，映在眼前的則是更黑暗的地獄──高達七公尺的外城牆！

外城牆幾乎沒有能攀爬的地方，當你拚命想上牆時，城內的守軍會從上面射箭、石炮還有令人畏懼的神祕武器「希臘火」。這種武器就像古早版的火焰噴射器，由石油引火之後，再透過虹吸管把火焰噴出，只要敵人一過河，守軍就會朝著他們拚

命噴火，而且對敵人更糟糕的消息是，這種火焰是無法用水撲滅的。

如果你真的這麼幸運，攻破了這座城牆，那最後一道防線就是更高、更厚的內城牆。這道牆厚到能讓四個人並肩騎馬通過，不管敵人從哪裡入侵，城牆上的部隊都可以快速到達。因此，這座城市的城牆早已在歐洲成為了傳說，人們堅信，是不可能用傳統方式攻破這座城市的。

然而，我說的是「傳統方式」，因為直到了十五世紀，土耳其出現了一種東西，而它徹底改變了世界戰爭的方式，那就是火炮。

世界末日的號角

還不是普通的火炮，是一尊長達八公尺、重達十九公噸的超巨型火炮。而打造這座大炮的人，是一位叫作烏爾班的匈牙利鑄造工程師。

在戰爭爆發的前一年，他其實是先來拜訪君士坦丁堡這方的。他向拜占庭皇帝展示了他的製作大炮技術，希望拜占庭能提供金錢支持。拜占庭皇帝看了看，實在很心動，但無奈有個小問題：我們現在沒有錢錢啊！

烏爾班左等右等都等不到錢，因此就離開了君士坦丁堡。反正對他來說，加入哪個陣營都是一樣的，因此他就來到土耳其，面見了穆罕默德二世蘇丹。

穆罕默德二世問烏爾班：「能否鑄造一門夠強大的大炮，以摧毀君士坦丁堡城牆？」

烏爾班回答：「我研究過那座城牆。我的大炮能把它們都炸成粉末！」

穆罕默德二世：「好！給錢！」

資金到位之後，工程師便開始進行鑄造工程。他先是打造一座巨大的熔爐，不斷丟木柴進去，連續燒他個二十四小時。根據當時的人說：「那高溫讓人無法接近，想看看地獄烈火是什麼景象的人，應該來看看這場面。」

等到溫度夠高之後，就往裡面投入銅塊。三天三夜後，化成液態的金屬像岩漿一樣，緩緩流入大炮模具中。等到冷卻後，工人再將模具卸下，接著，一頭金屬巨獸就會出現在人們眼前。是的，這將近三層樓高、炮口直徑七十五公分的「烏爾班巨炮」完成了。

面對君士坦丁堡這最強的盾，土耳其現在已經有了最強的矛。那兩邊相比，到底結果如何呢？

答案很快就會揭曉了。

當時記載：「火藥被點燃後，瞬間就發出一聲可怕的轟鳴，腳下的大地猛烈戰動，然後是恐怖雷鳴般的巨響和爆炸。難以置信的力量驅使著石彈呼嘯而去，當下就擊毀了城牆！」

守軍們徹底傻眼了！

君士坦丁堡城牆可是兩千年來，防禦工程演化的結晶、凝結人類智慧打造出來的奇蹟。如今在大炮的攻擊下，竟然直接被破壞！炮聲宛如世界末日的號角，人們在街上四散奔逃，不斷呼求上帝幫助他們。

不過當時的炮彈工藝還很不成熟──大炮有幾個明顯缺

點，比如瞄準得不夠精確，即使目標大到像君士坦丁堡這樣，也不一定能打中。（也太不準了吧？？）另外，由於煉鐵的工藝也不夠純熟，金屬裡含有許多雜質，因此大炮射幾發後，炮管就會發生崩裂和膛炸的問題，工程師烏爾班也在一次膛炸中領了便當。

在開火六個星期後，這門史上最大的大炮就徹底無法使用了。

不過，烏爾班還幫土耳其鑄造了其他七十多門大炮。在連轟四十七天之後，君士坦丁堡的城牆至少已經被打開了九個破口。

1453 年 5 月，鄂圖曼帝國對君士坦丁堡發起最後總攻擊的時刻，來了！

終將陷落的君士坦丁堡

凌晨一點，總攻擊開始。

土耳其先派出了雜牌部隊，他們的目標不是攻城，而是消耗守軍的體力。經過三小時後，再派出精銳的安納托利亞部隊，這些人的戰鬥力遠比前面那些人肉靶子強大，但面對鬥志高昂的拜占庭軍隊，他們竟然還是攻不下來！

蘇丹非常焦慮，眼看他只剩下最後一支部隊，也就是他的王牌：禁衛軍。他們裝備精良、紀律嚴明，整齊到每人舉起的刀尖都能連成一條綿延的直線，對君士坦丁堡發動最後一波進攻！

就在兩軍廝殺的時刻，發生了一件詭異的事情：在戰線北邊，有一個叫作競技場門的邊門。一名守軍在出擊回來後，竟然

第三章　伊斯蘭與世界、西方與世界

忘記關門。

這時，天色逐漸亮起，土耳其士兵突然注意到這座打開的城門。五十個人立刻衝了進去，雖然這五十個人馬上就被拜占庭的守軍擊潰，但已經足夠讓土耳其士兵扯下拜占庭的軍旗，換上土耳其的旗幟。

這時，有人看見豎起的土耳其旗幟後，驚恐地大喊：「城市失守了！」恐慌瞬間蔓延。最後，鄂圖曼土耳其的士兵如潮水一般，淹向這座永恆之城。根據一位歷史家的記載：「土耳其軍隊如同烈火撲向城市。整座城市空空蕩蕩的，剩下的房屋全都遭到破壞，似乎被火燒烤得枯焦⋯⋯。」

戰爭結束後，蘇丹穆罕默德二世來到了最知名的建築：聖索菲亞大教堂前。他下了馬，走進彷彿廣闊無邊的教堂內部。陽光從穹頂的窗戶流瀉而下，先是照亮了鑲嵌著歷代帝王與天使的馬賽克像，無數的廊柱則是使用斑岩（一種類似花崗岩）雕琢而成。接著，陽光撒落到大理石鋪成的地板，照亮了一片凌亂的家具，還有一灘灘血跡。接著，蘇丹就召集了眾人，一起在教堂跪拜，向全能的阿拉祈禱。

同時，君士坦丁堡陷落的噩耗立刻傳到了歐洲各國，教宗甚至親自出馬，呼籲大家力抗強敵。然而，這時大家都在問：「我們有比君士坦丁堡更厚實的城牆嗎？如果敵人的大炮可以擊穿君士坦丁堡的城牆，歐洲又有什麼城市不會陷落呢？」

蘇丹穆罕默德二世本人也是這麼想的。在進入君士坦丁堡前，他說：「我感謝先知穆罕默德，是他給了我們這次的輝煌勝利，但我祈禱他會允許我長命，讓我有時間占領羅馬。」

是的，這位年輕的土耳其君主已經描繪出整個帝國的宏偉藍圖。

　如今土耳其的勢力已經來到了歐洲，鄂圖曼的軍隊繼續在東歐橫行無阻，在接下來的戰鬥中，接連攻陷了波士尼亞、阿爾巴尼亞。在攻陷君士坦丁堡之後二十年，土耳其的軍隊已經非常靠近義大利的威尼斯。

　在威尼斯的聖馬可廣場上，都可以遠遠望見土耳其人的火光。而在戰鬥的過程中，土耳其人也喊出他們最後的目標：「羅馬！羅馬！」

　到底有誰，可以阻止他們呢？

2

一場圍城戰,竟打出世界上最知名的早餐組合?

1683 年維也納圍城之戰

課本關鍵詞

第二次進攻維也納、帝國向外擴張結束

　　各位同學,上次我們說到了土耳其進入歐洲,簡直像入無人之境一樣摧枯拉朽,畢竟人家的大炮這麼強大,連最難打的君士坦丁堡城牆都打下來了!

　　正當大家這麼想的時候,土耳其的腳步來到了中歐的神聖羅馬帝國,想請問各位同學:「對方有無堅不摧的大炮,那你會用什麼方法來抵禦呢?」

命在旦夕的神聖羅馬帝國

　　事實上,在君士坦丁堡淪陷後八十年,土耳其就已經來到了神聖羅馬帝國的首都維也納,不過那次並沒有成功入侵,但土

耳也不會就這樣放棄自己的野心。

很快的，時間又過了兩百年，等到十七世紀蘇丹穆罕默德四世（Mehmed IV）繼位時，他所統治的就是一個橫跨西亞、北非，一直到東歐匈牙利的強大帝國。照道理來講，擁有這麼大片土地的國家，應該要感到滿足才對吧？

並沒有，他簡直無聊到要瘋了！

原來當時土耳其的官僚體系非常完備，所以蘇丹反倒無所事事，因此，他每天除了打打獵，就是在自己的圖書館看一下祖先的創業故事。某天，他讀到一本書裡頭寫道，他們本來是一個名不見經傳的突厥小部族，直到他們的先祖奧斯曼一世（Osman I）後，才開啟了他們輝煌的帝國歷史。之後土耳其的國勢蒸蒸日上，直到1453年，祖先穆罕默德二世攻下了「永恆之城」君士坦丁堡。

穆罕默德四世默默放下手中的書，下定決心：「我也要努力留下不朽名聲！」這時的蘇丹左看看、右看看，最後把目光放到一個最耀眼的目標：神聖羅馬帝國首都，維也納！

我個人非常喜歡維也納，到處都是巴洛克風格的宮殿、歌劇院、咖啡廳，而且我真的不知道為什麼，奧地利和德國雖然都是日耳曼民族，但德國人穿衣品味就真的很差（例如，千篇一律的黑色防雨外套），但奧地利人就是會穿著優雅的西裝，在繁華街道上信步閒遊……。但當時的神聖羅馬帝國皇帝利奧波德一世（Leopold I）可沒那份閒情逸致，他因為內政和外交困境，急到要崩潰了。

先說國內的問題。上一章我們說到，十七世紀的歐洲已經

因為宗教改革，撕裂成新、舊教兩大陣營，而兩邊的交界處正好就是神聖羅馬帝國——這個國家東北邊的日耳曼地區是新教陣營，但西南邊的義大利則死忠地擁護舊教。兩大陣營仇恨之深，甚至還爆發了一場歐洲版世界大戰，也就是三十年戰爭，把整個帝國弄到分崩離析。

皇帝也對外交方面感到頭痛，因為東邊的土耳其人對他們虎視眈眈就算了，西邊也有他的老對手法國，想要他們出手拯救神聖羅馬帝國？笑話，不打你都算是我仁慈了！

因此土耳其一看，神聖羅馬帝國現在前有狼、後有虎，當然就是趁你病，要你命啦！所以在1683年，十七萬名土耳其軍隊正式向維也納進軍！軍隊規模非常驚人，根據一位西方作家所述，整支軍隊從地平線的一邊延伸到另外一邊，光是通過就花了五到六個小時。

這時，神聖羅馬帝國皇帝正準備去做彌撒時，突然接到戰報：土耳其大軍已經越過奧、匈邊境，正朝維也納攻來！此時，位於邊境的帝國軍隊統帥也接到了戰報，當他一得知土耳其人已近在咫尺時，往東邊一看，遠方已經泛起了無邊無際的粉紅塵埃！

大軍壓境，神聖羅馬帝國必須迅速做出反應。這時你若是皇帝，會怎麼做？

我們的皇帝利奧波德一世，做出了非常勇敢的決定，那就是：跑！

擋住大炮的新型防禦工事，台灣竟然也有？

當天下午六點，皇室家族就宣布：我們即將離開維也納啦！

大批權貴一看到皇帝跑了，那也沒什麼好留戀的，所以也就跟著逃離首都，而無力逃走之人則哭聲震天。整個城市的防禦任務，就落到一位名叫史塔亨貝格伯爵（Ernst Rüdiger von Starhemberg）的頭上。

這時，城市的防衛者們雖然都知道情勢不樂觀，但事實上，維也納也並非想像中那麼脆弱。因為當時維也納的防禦工事，正是文藝復興時期所研發出來的新型防禦模式。

上一篇我們提過在中世紀，只要是屬於防守方的城市，基本上就是一個邏輯：推出又高又厚的城牆就對了！不管對手在城牆下方多麼凶狠，他們爬不上城牆就一切免談。然而當君士坦丁堡陷落後，歐洲人開始明瞭一件事：再大、再厚的城牆，在火炮面前都像紙糊的，而且最大的城堡反而最容易成為攻擊的目標。

那到底什麼才是火藥時代下，最好的防禦模式？

他們尋遍自然界中的所有動物，得出一項結論：有著最佳防禦能力的動物不是擁有厚重皮膚的犀牛，而是豪豬。豪豬就是一種渾身帶尖刺的動物，牠們的體型雖然不大，然而，任何強而有力的肉食動物都對牠們敬而遠之。

也因此，歐洲人設計出一種被稱為「星形要塞」（Star fort）的防禦模式。

這是什麼東西呢？簡單來說，就是在四方型或是圓形的城池四周，再加上大大小小的尖刺「稜堡」。從空中俯瞰就好像一

顆多芒星一樣,如此一來,無論敵人從任何一方靠近,稜堡上的士兵都可以互為犄角,相互用火力支援。事實上台灣也有地方擁有稜堡的設計,你猜是哪裡呢?

是的,就是荷蘭人所建的熱蘭遮城。當鄭成功攻打台南時,只花了五天就把防禦薄弱的普羅民遮城(今赤崁樓)拿下,但在攻打熱蘭遮城時,即使鄭軍的人數是荷蘭守軍的二十倍,依舊是圍攻了九個月才拿下。

當時維也納就是採用這種星形要塞。

就在土耳其大軍抵達的前幾天,維也納的城防部隊夙夜匪懈地做好戰前準備。他們先是清空城牆外圍的建築,為稜堡上的士兵提供了一個清晰的視野,同時也盡量囤積所有需要的物資及彈藥,最後,城防部隊甚至做出最壞的打算:如果城牆被攻陷,城防部隊就要在街道上拉起鐵鍊,將每棟房子都化為小型的堡壘,最後的根據地就是市中心的聖史提芬大教堂,整個維也納的人民將背靠著教堂戰鬥到底,至死方休!

7月14日,土耳其主力部隊抵達維也納外圍。一萬五千頂製作精良的營帳將維也納團團包圍。土耳其人將投降要求書綁在箭上,往維也納射去。

「我們是受命征服維也納的!出來投降!」

維也納表示:「我去你的!」

兩軍隨即開始了劇烈的攻城戰。

聲名顯赫的土耳其軍衝了過來,試圖爬過維也納的防護柵欄。要是以前,可能就拿著弓箭、瀝青之類的東西往下攻擊,但此時的歐洲人已經經歷了宗教改革,以及新、舊教之間大大小小

的戰爭,讓他們有充分的練兵機會。當時的歐洲人手上已經有了一種新的武器——火繩槍,而且他們也知道要怎樣讓火繩槍的威力發揮到最大。

第一排火槍兵列隊站好,面對來犯的大軍施以猛烈的射擊,「開火!!」

敵人紛紛倒下。在射擊結束後,這些火槍兵便退到後面重新填彈,另一批火槍兵立即上前開火,不給敵人任何喘息的空間。

除了火槍以外,兩軍也分別使用像彎刀、長矛等冷兵器,維也納的守軍甚至會用綁了長勾的竿子,將鄂圖曼的士兵拉過來加以擊殺。

援軍來了,世界最知名的早餐組合也跟著出現了

時間一天天地過去。維也納的表現讓土耳其人大感訝異:他們原本以為維也納像顆軟柿子,可以任意搓圓捏扁,沒想到卻是一顆金蘋果,讓他們咬不動也吞不下。

既然正面攻擊不行,那土耳其就派出工兵在地下挖掘坑道,以挨近維也納的城牆牆腳,並在地底埋放地雷,企圖將城腳炸毀。

在維也納這方,雖然他們奮勇抗敵,但情況越來越不樂觀。隨著土耳其人的坑道逐漸接近城腳,維也納也開始出現各種謠言,稱土耳其人已經經由地下隧道進入了城市。城市的指揮官甚至要民眾隨時注意來自地底的聲響,只要一有發現,就立即向當局回報!

數個星期過去，城市裡的守軍與人民都吃盡了苦頭，土耳其的炮彈成天從上空呼嘯而過，飛到城裡最高大的聖史提芬大教堂、飛到人們的頭頂上，造成數十人身受重傷或死亡。此外，維也納的糧倉也逐漸耗盡，餓到發瘋的人們先是把屋頂上的貓全部吃掉，最後連老鼠也不放過。

　　但同時，土耳其的士氣也墜到谷底，這時他們的軍營臭氣熏天，完全失去了原有的整齊紀律。土耳其的前線總指揮官、首相卡拉・穆斯塔法（Kara Mustafa Pascha）已經急瘋了，在他眼中，只剩下維也納這塊肥肉。他不斷地嘶吼，要求手下們盡全力逼迫士兵向前猛攻，終於在不間斷的坑道戰之下，土耳其攻破了其中一座稜堡！

　　這件事情非同小可，因為一旦出現破口，就可能出現連鎖反應。同時，土耳其的坑道也抵達了維也納北邊城牆下方，並引爆了一枚地雷，立刻炸出一個九公尺寬的大洞！

　　維也納守軍衝上城市裡最高的聖史提芬教堂，在教堂頂接連發射了超過四十枚求救火箭。就在這絕望的時刻，他們看見了在地平線的遠方，波蘭以及整個基督教世界的各國援軍出現了！

　　9月12日，七萬名基督教聯軍如潮水般往土耳其陣營殺去。根據一名土耳其人的記載，那場面之壯盛，「好像一道黑色瀝青，浩浩蕩蕩地往山下流，毀掉擋在它面前的一切事物。」

　　維也納守軍又驚又喜。

　　但現在有一個問題：是誰前去求援的？根據一個不可靠的傳說，這一切全都要感謝一名叫作寇爾斯奇（Georg Kolschitsky）的士兵。

原來，正當維也納彈盡援絕的時刻，這位長相有點類似土耳其人的寇爾斯奇，自願穿過土耳其軍的包圍圈，前往波蘭求援。最後他還真的成功了！

整個戰場上，看起來簡直有如中世紀十字軍的重演，基督教與伊斯蘭教展開一場先知所預言的末日決戰。最後雙方展開近身肉搏戰，土耳其的士兵嘶吼著「阿拉、阿拉！」，而歐洲聯軍則回敬「耶穌、瑪利亞！」

經過整整十五小時的戰役後，土耳其大軍終於被擊敗了。在戰場上留下了遍地屍體，還有兩萬多頭驢、馬、羊和駱駝。據說此時，這些動物的背上都掛著一袋袋的豆子，曾待過伊斯坦堡的寇爾斯奇知道，那就是土耳其最盛行的——咖啡。後來他就請求士兵把那些咖啡豆給他，並在維也納開設第一間咖啡廳。

另外，同樣誕生於這場戰爭的還有另一種常見的食物。在圍攻的過程裡，一名麵包師傅無意間聽到奇怪的聲響，他往傳出聲音的方向一看，赫然發現土耳其士兵正在下面挖隧道。他趕緊通知了帝國的官員，因而成功阻止了土耳其人的攻勢。等戰爭結束後，麵包師傅為了慶祝戰勝土耳其，因此特別做一種名叫「Kipferl」的新月型麵包。

後來在十九世紀時，一位叫作奧古斯特・臧（August Zang）的奧地利麵包師把這東西帶到法國，最後改良成我們都知道的一種麵包——可頌。

當然啦，無論是咖啡還是麵包，都沒有確切的史料證實，但……又如何呢？藉由這些食物的故事，人們的記憶保存了下來。正如同一位維也納人說的：「這只是則故事，但卻是則好故事。」

```
AD610                    穆罕默德
                       創立伊斯蘭教

                     正統哈里發時期
                              分裂
              遜尼派                        什葉派
          眾人推舉最高領袖                  堅持由穆罕默德的
          ——哈里發                      血親擔任哈里發

AD661     奧米亞王朝
              阿拉伯
               ↓
AD750     阿拔斯王朝
              阿拉伯
               ↓
AD1037    塞爾柱土耳其
              土耳其
               ↓
AD1299    鄂圖曼土耳其
              土耳其

              → AD1453 攻陷君士坦丁堡,領土來到歐洲

              → AD1683 圍攻維也納失敗,國事漸衰
```

3

那個年代，
窮真的比死還可怕

讓台灣登上世界舞台的大航海時代

> **課本關鍵詞**

大航海、葡萄牙、西班牙、哥倫布、狄亞士、麥哲倫

從這篇開始，我們就來到課本的〈西方與世界的交流〉章節了，而開宗明義要講的，就是十五世紀之後才開始的大航海時代。

一直到這邊開始，才是台灣走進世界的起點。不過這時有個問題：為什麼歐洲人要大航海呢？

我先前一直很嚮往遠航生活，直到某次和朋友坐船去了蘭嶼。我們是退伍後去的，每個人都覺得自己身強體壯，小小的暈船有什麼好怕的？可是當船一開動大概二十分鐘，我們全都後悔了。

那種感覺，就好像坐在一艘晃得很厲害，而且要坐整整三個小時的海盜船。無處可逃、沒有任何方法能讓自己舒服一點。

等到啟程一個多小時後，船先抵達了綠島。那時我都想和朋友說：「……不然我們改去綠島玩好不好？」

朋友：「但我們已經在蘭嶼訂好民宿了……。」

最後，我終於找到一個好像可以舒服一點的方式：找到三個空位，然後側躺在上面。如此一來，就可以從前後的晃動，變成左右的晃動。我不曉得這實際上有沒有作用啦，但真的讓我熬到了蘭嶼。

如果連坐三小時的船都這樣了，那你想想看，和二、三十個人擠在又狹小又臭的船艙整整九個月；喝的是臭掉的淡水，吃的是鹹到發瘋的醃肉，以及據說硬到可以防彈的壓縮餅乾，而且上面還長蟲，據傳有時蟲多到把餅乾放在桌上，它自己就能走掉……。更別提在當時只要一出航，有四分之一的機率會死在半途。

那為什麼當時的歐洲人寧願冒這樣的不適感也要出航呢？

一切就是從君士坦丁堡淪陷之後開始的

原來這一切都跟前面提到的鄂圖曼土耳其有關！

1453 年君士坦丁堡陷落，土耳其勢力抵達了歐洲。在不斷地攻城掠地下，西歐已經變成了被半包圍的狀態，各國擔心土耳其會進一步侵略，思考著是不是該另尋其他出路。

除了安全問題以外，西歐人發現他們還有另一項重要的東西被土耳其人卡死了，那就是「貿易」。中世紀的歐洲貴族對香料、絲綢和瓷器等奢侈品需求量很大，然而這些東西都是從亞洲運來的，也就是說，一定會經過鄂圖曼土耳其的勢力範圍。不

過,土耳其人表示他們人其實很好,不會禁止這些東西過來,只是……要抽一點點稅金而已!

但這些稅金動輒就是貨物總價的好幾倍,以至於香料的價格漲了十倍以上。歐洲人終於受不了了,因此決定:我們要突破土耳其人的封鎖!我們要去東方,尋找一個名叫「祭司王約翰」的救星!

等等,祭司王約翰?是什麼東東?

這是一則流傳在歐洲許久的都市傳說,起源大概要追溯到兩百年前的「十字軍戰役」,當時穆斯林軍隊步步進逼,打得十字軍節節敗退。就在這叫天天不應的時刻裡,十字軍突然收到一封信,來信的人自稱「祭司王約翰」,信裡頭說:「偉大的基督徒啊!不要害怕,我是虔誠的基督徒,來保護和我一樣的基督徒的!我們非常強大!也非常有錢!……國王居住的宮殿屋頂是烏木做成的,屋頂鑲著巨大的紅寶石,在夜裡閃閃發光。吃飯的桌子是黃金做的、床是藍寶石製成的、窗戶是水晶做的。一眼看出去,路面是瑪瑙鋪的……。」

當時的歐洲人一看:「這傢伙是寫信來炫耀的嗎?」

但信末這樣寫道:「我們要率領最強大的軍隊前來,並打敗基督宗教的敵人。目前祭司王約翰率領十多萬大軍打敗了伊斯蘭強國波斯,不到十天就能攻抵巴格達了!」

這封信頓時讓十字軍信心大增:「歐耶!我們有救了!!」

不過當然,祭司王約翰沒有出現,十字軍也戰敗了。但從此往後,歐洲就留下一個堅定的信仰,認為在遙遠的東方居住著一位富裕而強大的基督教國王:祭司王約翰。這次,歐洲人決定

主動去尋找這位祭司王。

接下來,我們就要把視角放到一個當時最窮困的歐洲國家:葡萄牙。

早在十五世紀時,葡萄牙就出現過一位亨利王子。篤信祭司王約翰傳說的他,先是派遣了船隊,沿著非洲沿岸南下。然而,等到亨利王子過世前,他的船隊最多就是來到撒哈拉沙漠的南部海岸,並沒有越過非洲最南端,更別提遙遠的東亞。

很多人開始質疑:非洲真的繞得過去嗎?亨利王子的夢想,會不會永遠只是個夢想?

但葡萄牙的腳步並沒有停下,他們繼續向非洲南端探險。就在這時,一名航海家接受了葡萄牙國王的委託,目標就是:繞過非洲的最南端!他的名字叫作狄亞士(Bartolomeu Dias)。

向世界盡頭邁進

1487 年,經過十個月準備後,狄亞士率領著三艘船的小艦隊沿著非洲大陸往南出發。狄亞士知道,困難的不只是路程遙遠,還有踏上未知旅程的恐懼,所以在經過非洲西北邊的加那利群島時,狄亞士指著前方說:「大家看遠方!在之前,每個人都信誓旦旦地說,前面是大地的邊緣,再往前走就會掉進無底深淵。可是,這些年來,我們的探險家越過了那裡,全都平安地回來了。所以相信我,沒什麼可怕的!」

眾人繼續向南,在即將抵達赤道時,氣候也越來越熱了。大家哪能忍受這種熱?不但把衣服都脫光,很快的,連船上的淡

水都快要用完了。狄亞士試著找到一個可以停靠的港灣，在補充完淡水後，又用一些玻璃珠項鏈、鈴鐺，跟當地人換來一些食物。休息幾天後，船隊繼續往南，正式越過了赤道，此時的船隊已出海四個月，但磨難還在繼續。

很遺憾的，因為遭遇地震和風暴，幾乎毀了狄亞士的旅途日誌。然而，根據《西葡大航海》所說，某天深夜，船上開始傳來一陣嗚咽聲，一名青年船員突然大喊：「救救我、救救我！」

狄亞士趕忙叫醫生過來查看這位年輕船員。醫生最後得到的結論是：他可能得到類似傷寒的傳染病，若不加以隔離，整艘船的人都有可能被傳染，甚至喪命！

然而，要隔離是不可能的。狄亞士乘坐的船隻是卡拉維爾帆船（Caravel）。這種船全長只有二十到三十公尺，可以航行在河川或狹窄的海域，但缺點就是船上的人會很密集，根本沒辦法將人單獨隔離。

萬難之下，狄亞士做出了決定：「等明早我們就靠岸，把他留在岸上！」

一天之後，船就靠在一處沒有人煙的地方。迪亞士讓船員們搭好一個棚子、留下食物後，便轉頭登船離開了。

雖然很難確定這段故事的真實性，但它完全展現了當時大航海時代的困難。這時的狄亞士心中，恐怕也只剩下一個想法：「就算只有一個人也好，船隊一定要繼續南下！」

就在他們駛過南緯二十二度時，經過前一位葡萄牙航海家迪亞哥・康（Diogo Cão）留下記號的最後一根石柱，上面鑿著十

字架與葡萄牙的皇室徽章。從此時開始，狄亞士正式來到了歐洲人從未到過的海域。就在來到南緯二十九度、已經接近現在的南非時，船隊突然遭遇了一陣強烈的風暴。

想想當時的場景，船隊沿著非洲沿岸一路南下，所以左側是非洲大陸，右側則是深不見底的大西洋。歷史上沒人知道狄亞士當時是怎麼想的，但他做出一項驚人決定：將船駛離海岸，向西南深入大西洋！

眾人一聽大驚：「我們這三艘小船有辦法撐過汪洋大海嗎？」但狄亞士只告訴眾人：「揚帆，往大海前進！」

眾人只好聽從命令。時間就這樣一天天過去，天氣越來越冷，有些水手甚至被凍死了。整片大海的顏色越來越深，變成了鐵青色。有人小聲地說：「看到這種景象，我真有點相信已經接近了地球邊緣、接近了無底深淵、接近了死亡。」

但狄亞士卻說：「我相信上帝，祂會保佑我和船隊，讓我們順利通過這洶湧海浪！」

雖然聽起來很迷信，但狄亞士確實做了一個聰明的決定。因為隨著他們越往南，就會進入一個叫西風帶的地方。接著他們利用西風，一舉再把船往東吹回非洲海岸！不過奇怪的事情發生了：狄亞士原本以為沒多久就會看到非洲沿岸，但一天天過去，海岸線始終沒有出現。

狄亞士努力思考所有可能的情況，最後只得出一個結論：「我們已經越過非洲最南端了！非洲在我們的北邊！」

狄亞士立刻下令：「船隊立刻朝向北方航行！！」

船隊轉北，終於在 1488 年 2 月 3 日，船上發出歡呼聲：非

洲的海岸線再次出現！狄亞士成功確認自己繞過了非洲最南端。這片非洲最南端的危險地帶後來被稱為「風暴角」，之後葡萄牙國王為它取了一個更吉利的名字——「好望角」，象徵著新航路帶來的希望。

唯有向外遠航，才能找到生存之道

在那之後，許多航海家開始從葡萄牙與旁邊的西班牙出發。

另一位探險家達伽馬成功繞過南非好望角、抵達印度，並滿載香料回葡萄牙。環球的壯舉則是由麥哲倫的船隊完成的（不過可惜，麥哲倫本人在旅途中過世）。

同時期，西班牙眼見鄰國葡萄牙因東方航線變得富有，為了爭奪商業利益，也決定派出艦隊探險。當時有一位航海家名叫哥倫布，他堅持地球是圓的，只要持續向西航行就一定能抵達印度！

當時的人們普遍嘲笑哥倫布。不過不是因為當時的人都很愚昧、認為地球是平的，因為當時受教育的人大多已接受「地球是圓的」這個事實，只是很遺憾的，根據地理學者的估算，他們一致指出：向西航行的距離太長了，人類無法在海上存活那麼久。

然而，哥倫布還是一意孤行，既然在葡萄牙無法獲得想要的支持後，就轉往西班牙，終於說服了當時的伊莎貝拉王后和斐迪南國王資助他。

事實上，地理學家的計算是正確的，從歐洲向西到印度，大概有兩萬公里，當時沒有船隻在不補給的情況下，可以在大

洋上航行如此長的距離，但哥倫布強就強在他幸運——在出發三十六天後，就撞上一片歐洲人完全未知的美洲新大陸。但哥倫布當時完全不知情，在看到當時的原住民時，以為他們是印度人，就興奮地稱他們為「Indian」，所以美洲原住民就這樣被稱為「印地安人」了。

　　在接下來的一個世紀中，葡萄牙和西班牙掌握了絕大多數的航海技術，後來逐漸被荷蘭和英國取代。荷蘭不是由國家出資遠航，而是成立史上第一個股份有限公司「東印度公司」（VOC），而他們公司的格言，則是一句古拉丁文：「Navigare necesse est。」

　　這是古羅馬流傳下來的一句話，也是我最喜歡的一句話，意思是「必須出航」。

　　荷蘭土地狹小，唯有向外遠航，才能夠找到生存之道。最後由東印度公司派船出航，在印尼的巴達維亞（現今的雅加達）建立了東印度總部，繼續北上準備跟中國做生意，在占領澎湖失敗後，決定向東前往一個叫作「福爾摩沙」的地方，最後，在這座島上建立了自己的貿易據點：熱蘭遮城。台灣，也就逐漸浮現在大航海的世界中了。

　　所以說，台灣出現在世界舞台上，跟這句話也脫不了關係呢！

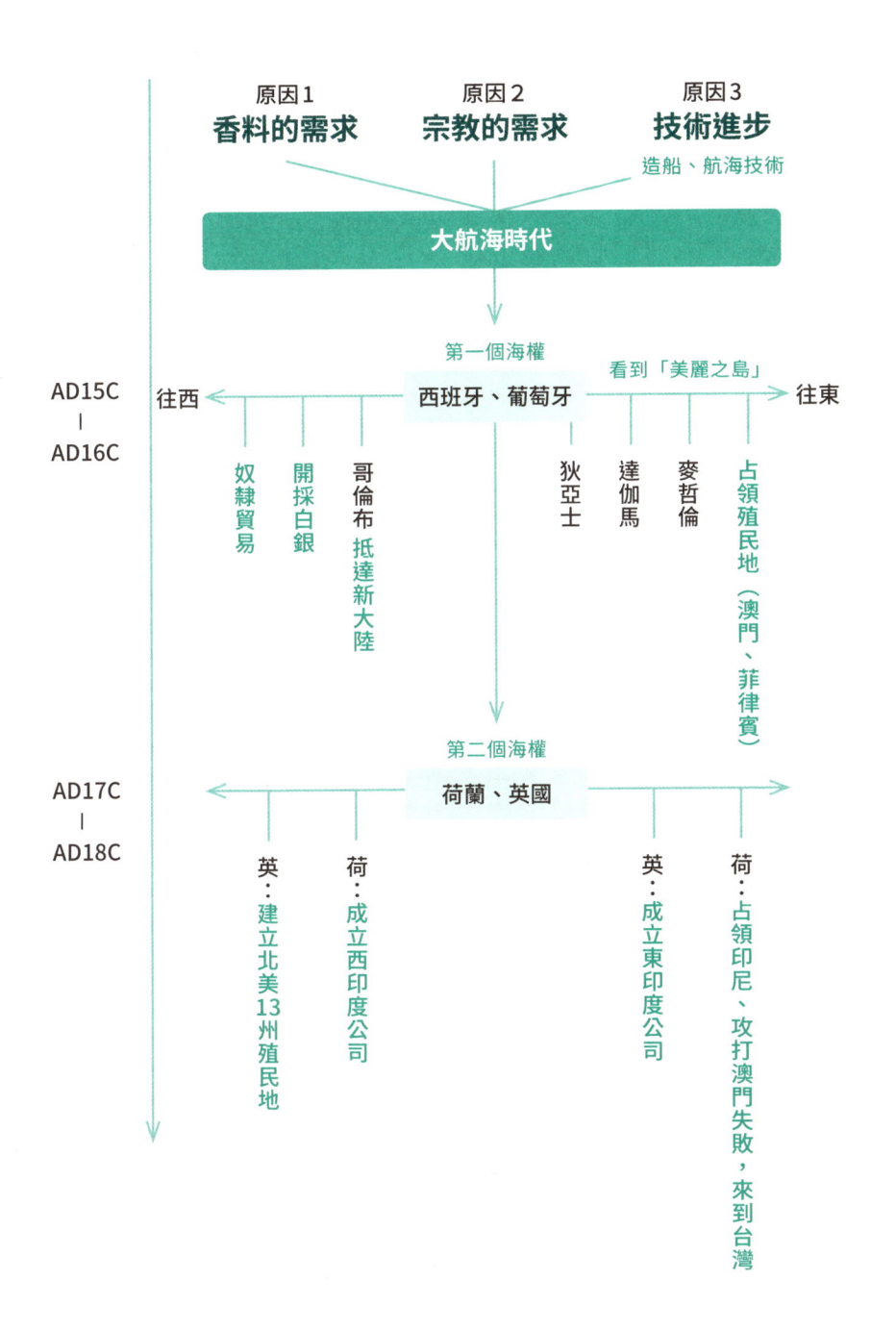

```
                    原因1              原因2              原因3
                  香料的需求          宗教的需求          技術進步
                                                      造船、航海技術

                          ┌─────────────────────┐
                          │     大航海時代      │
                          └─────────────────────┘
                                     │
                                     ▼
                              第一個海權                看到「美麗之島」
AD15C      往西 ◄────────── 西班牙、葡萄牙 ──────────► 往東
  │
AD16C
              奴  開  哥                  狄  達  麥  占
              隸  採  倫                  亞  伽  哲  領
              貿  白  布                  士  馬  倫  殖
              易  銀  抵                              民
                      達                              地
                      新                              （
                      大                              澳
                      陸                              門
                                                      、
                                                      菲
                                                      律
                                                      賓
                                                      ）

                              第二個海權
AD17C      ◄────────────── 荷蘭、英國 ──────────────►
  │
AD18C
              英   荷                    英   荷
              ：   ：                    ：   ：
              建   成                    成   占
              立   立                    立   領
              北   西                    東   印
              美   印                    印   尼
              13   度                    度   、
              州   公                    公   攻
              殖   司                    司   打
              民                              澳
              地                              門
                                              失
                                              敗
                                              ，
                                              來
                                              到
                                              台
                                              灣
```

第三章　伊斯蘭與世界、西方與世界

4

那些說為你好、讓你進步的人，可能才是最想剝削你的人

充滿鑽石、黃金、重機槍的搶匪年代

> **課本關鍵詞**
>
> 帝國主義、瓜分非洲、南非、先進軍事

哈囉大家，現在我們來到了一個充滿鑽石、黃金還有馬克沁重機槍的年代。

從十九世紀後期開始，歐洲國家突然像是發瘋一樣，到處在世界攻城掠地，而且情況比十七世紀的大航海時代有過之而無不及，其中，最誇張的就屬英國了。

英國在領土最大的時期，竟然擁有超過世界五分之一的土地！而因為帝國範圍遍及全球，英國也就成為「日不落之國」。之後的歷史就把大航海時代稱之為「舊帝國主義」，十九世紀這段則稱之為「新帝國主義」。

但我在讀到這段時代的時候，就一直很納悶──大家知道，欲望帶來的快樂其實是有限度的。比方說當你買第一部車時

可能會很爽；但當你買第十部車的時候，那個爽度不是第一部車的十倍，而是幾乎微乎其微。

每部車都得保養、加油，費心又花錢，帝國主義也是一樣，各地傳出層出不窮的反叛、戰爭，那為什麼這些國家還是要這麼努力地擴張呢？而所謂的新帝國主義，又跟舊帝國主義有什麼不同呢？

接下來就來講非洲鑽石大亨羅德斯（Cecil Rhodes）的故事吧。

其實台灣經歷過兩種帝國主義

首先說明一下，新、舊兩種帝國主義有什麼不同。我一直在找一個最簡單的例子，後來真的被我發現，原來最直白的例子就在我們台灣！

讀過台灣史的大家都知道，台灣在十七世紀進入「荷西時期」──這就是典型的舊帝國主義：當時歐洲人的目標主要是賺錢，因此跑到海外，找個地方來蓋轉運站（比方說台南的普羅民遮城跟熱蘭遮城）。不過這些外國勢力統治範圍極其有限，除了轉運站和周邊地區外，對於內山和原住民區，基本上沒什麼太大的控制力。

不過到了十九世紀清末、日本時代之後，這些新來的帝國主義就不同了，它是要把台灣變成原料供應地和自己的領土。所以你會發現日本時代對台灣做人口普查、田野調查，找出方便治理台灣人的方法，同時進行基礎建設、建構現代官僚體制、教育體制，也將台灣的糧食、樟樹與檜木運到日本本土。這就是新帝

國主義:不只是掠奪資源,還包括全面性的行政接管、現代化建設與文化同化。

……仔細一想,竟然可以用台灣就直接把兩種帝國主義都解釋完整,真是有點悲傷。

好的,解釋完差異後,我們就來講講十九世紀末的狀況吧。

當時拜工業革命所賜,歐美各國的經濟迅速發展、國勢蒸蒸日上。然而,隨著時間來到1870年代,歐洲各國的均勢突然間被打破了,因為一個帝國誕生了。

是的,那就是德意志帝國!

時間要從十八世紀的法國大革命開始說起(見第二章第四篇〈為什麼很多革命總會越來越激進?〉)。當時法國斬了國王路易十六,激怒了歐洲所有君主,尤其是歐陸最強大的國家神聖羅馬帝國。神聖羅馬帝國聯合一堆歐洲國家進攻法國,卻沒想到法國出了一個戰神:拿破崙。

拿破崙把對方打得七葷八素,1806年甚至滅掉了神聖羅馬帝國,從此這個從中世紀就出現、維持千年的帝國就徹底從世界地圖中消失。神聖羅馬帝國不在了,而這三百多個德意志邦國有大半都被拿破崙給占領了,這激發起了德意志的民族主義,他們發現,唯有全德意志人團結,才有可能報這一箭之仇。因此就在1871年,普魯士打敗了死敵法國,德意志帝國從此成立了。

不過成立也就算了,為了羞辱法國,德國甚至還選在法國最具代表性的地方:凡爾賽宮明鏡廳舉行建國典禮。這下法國可受不了了!當時有個法國中尉叫作克里蒙梭,就誓言君子報仇十年不晚!就在四十多年後,法國終於在第一次世界大戰打敗了德

國,而當時的總理就是他。

最後,法國在一模一樣的凡爾賽宮明鏡廳,制定了對德國的《凡爾賽條約》。接著換德國受不了了,有個下士氣得大吼大叫,而他的名字就叫:阿道夫‧希特勒……歷史就是這樣,一報還一報。

真想為其他國家帶來文明嗎?

德國成立了,打敗了法國,那下一個目標想必就是歐洲最強大的英國了。而歷史證明,推動人們行動的往往就是競爭對手的出現。就在兩年後的1873年,歐美剛好又發生了十九世紀後期最嚴重的經濟危機,一時間,英國人人自危,這時保守黨的首相迪斯雷利(Benjamin Disraeli),開啟了一種全新的政治模式:對內採取社會福利的措施,包括發放低息貸款、興建工人住宅,還發布《健康法令》以提升國人健康水準。

但這些政策都需要錢,而這些錢就是從國外來的:1875年,英國買下了蘇伊士運河四十四%的股份,讓船隻不必繞過整個非洲南邊,大大縮短了歐亞的航行時程與殖民擴張。另外也在俄土戰爭參與了巴爾幹半島事務(1877)、發起第二次阿富汗戰爭(1878)。

但英國的目標不只在此,它還有一塊最大的肥肉還沒吞下,那就是:非洲!

你問:「非洲有什麼?為什麼它是塊肥肉?」答案就是:亮晶晶的鑽石!

大概在德國統一的前十年左右,英國在南非建立了殖民

地。某天，一位十五歲的男孩在河邊撿到了一顆閃亮亮的石頭，他以為是玻璃珠，結果就把它拿回家當彈珠玩。直到有天，一位鄰居來拜訪他們家，看到這顆「彈珠」激動到不行——那哪是什麼玻璃珠，是一顆重達二十一克拉，後來被命名為「優里卡鑽石」的巨鑽！

從那時開始，南非蘊藏著全世界最大鑽石礦脈的祕密就被發現了。而最後一統這個鑽石帝國的，就是鑽石大亨羅德斯，他的公司名叫戴比爾斯（De Beers）。

各位同學可能沒聽過這間公司，但你大概聽過一句廣告詞：「鑽石恆久遠，一顆永留傳。」（Diamond is forever），就是這間公司的傑作。

羅德斯出生於英國，十七歲就搭上這股鑽石熱潮，來到南非。在南非的那段期間，羅德斯最喜歡做的一件事，就是坐在鑽石礦區的邊緣，看著遠方的地平線。

那些地平線乍看坑坑疤疤，但底下蘊藏著無數淡藍色、清澈無比的鑽石。在其他人眼中，鑽石或許代表財富、雍容華貴，但對羅德斯來說，鑽石代表的是另一個東西：權力。

沒錯，權力才是羅德斯真正想要的東西。有了鑽石，他就可以主宰南非，接著主宰倫敦，而最後就是：世界。

1888 年，他成立了戴比爾斯聯合礦業公司（De Beers Consolidated Mines）。不過它不是賣首飾的，而是一間鑽石開採公司。接下來他就利用各種合縱連橫，一一擊破對手（這段商戰故事是滿精采的，可惜我這邊沒有版面可以講了）。總之，他逐漸壟斷了整個南非鑽石產業，但這並不是他的終點，最後他成立了

一間無所不能的特許公司,叫「不列顛南非公司」（British South Africa Company）。

說穿了,這就是十九世紀的東印度公司。它可以修鐵路、成立工廠、銀行、和別人締結條約,有必要的話,甚至可以擁有自己的警察和軍隊,基本上就等於是一個國家了。

有了這樣一間巨型公司做靠山,羅德斯在非洲內部直接橫著走。

當時南非北邊有個非洲王國,叫馬塔貝萊王國。有天,羅德斯就找上了這位國王,騙他說:「我們想派一支小探險隊來你們國家,尋找有價值的礦物。做為回報,英國政府會送給國王每個月一百枚金幣,外加一千支步槍和十萬發子彈。」國王想想好像不錯,就簽訂條約了。

但這是英文條約,後來國王請別人翻譯後,差點沒昏死過去——上面寫著:「歐洲人只要在你們國家任何地方發現貴金屬,就可以占領那邊土地並進行挖掘。」

國王大驚:「什麼地方都可以嗎?」

「是的,陛下。」

「如果他們在我的花園裡、我的馬廄下方發現黃金,他們都可以來挖嗎?」

「沒錯,陛下。」

那瞬間,國王才發現自己簽的根本就是一份把國家賣掉的魔鬼契約!（這告訴我們簽合約之前一定要仔細看過喔!）

國王整個大怒。1893 年,馬塔貝萊國王派出了十萬大軍,迎戰一千五百名的英國軍隊。雙方人數相差將近七十倍,但英國

第三章　伊斯蘭與世界、西方與世界　　147

人根本不怕,因為這時的英國軍隊,攜帶著一種跨越時代的全新武器——機關槍。

死神武器

十九世紀末,一位叫作馬克沁(Sir Hiram Stevens Maxim)的美國人發明了一款全自動機槍,一分鐘可以發射將近六百發子彈。而這個馬塔貝萊王國,就成為機關槍登上實戰舞台的第一個犧牲品。

五十名英國士兵操作著四挺機槍,發出地獄般的「噠噠噠噠噠」槍聲,瞬間就掃蕩了兩千名敵人。戰場上整個屍橫遍野,非洲人嚇傻了,沒過多久,馬塔貝萊國王就逃離了戰場,最後服毒自殺。而這龐大的非洲王國隨即宣告投降,臣服於羅德斯的統治之下。

在那之後,機關槍做為恐怖武器的名聲大噪。英國人此後更加有恃無恐,一位英國作家就這樣說:「反正不管會發生什麼,我們有馬克沁重機槍,但他們沒有。」

非洲人恨透了英國人,也恨透了羅德斯。

但羅德斯對自己的成就卻非常滿意,這時,他種族主義的那一面也顯露出來了。比如說,在一次晚宴中,他說:「在殖民地,我們必須維護和平、維持統治,所以要用跟對待白人不同的方式來對待野蠻的當地人,我們要成為他們的主宰者。更何況,那些政治、政策對當地人來說也太困難了。他們才不想要投票權。」

看起來,沒有什麼人可以阻止歐洲人在非洲的野心了。直

到有天,歐洲人終於遇到阻礙了,那就是整個非洲唯一的白人族群:布爾人。

誰是布爾人呢?簡單來講,這群人就是「南非荷蘭人」。十七世紀,大航海時代的大前輩荷蘭跑到南非殖民,最後荷蘭勢力退去,但這些荷蘭人卻選擇留在南非,跟一些法國人或其他的歐洲人混種,成為了非洲唯一的白人社群。

這群人在十九世紀時,成立了一個叫作川斯瓦共和國(口訣:穿絲襪共和國)的國家。1884年,當地人發現在布爾人的土地下有全世界最豐富的金礦!!

英國人表示:「在非洲,你的東西就是我的、我的東西還是我的!何況我們還有機關槍,是在怕啥?」

因此,一位羅德斯的好友詹姆森博士(Dr. Jameson)打算輕騎過關,帶領五百名兵力,還有八部機關槍,準備推翻川斯瓦總統的政權。沒想到川斯瓦這邊早就有所準備,面對英國人的機關槍,他們利用地形優勢,躲在山坡後方,打得對方措手不及。

驕傲的英國人,就這樣在非洲戰敗了。

整個英國都瘋了!為了挽回面子,英國在1899年派遣了八萬大軍,浩浩蕩蕩地對布爾人的國家進軍。然而布爾人卻採用了英國想都沒想過的戰法,叫作「游擊戰術」。面對神出鬼沒的布爾人,英國軍隊也採取了嚴峻的舉措——只要被英國人發現有村莊跟游擊隊員聯繫,該村莊包含附近區域全都會被焚毀,而游擊隊的家屬全會被送到一個新的地方:集中營。

是的,歷史上第一個遺臭萬年的集中營,是英國人蓋的。

集中營的慘狀，使英國人的形象在全世界面前一落千丈。戰爭結束時，英國總共投入了兩億兩千萬英鎊的軍費。

　　雖然英國最後取得勝利，但昔日的帝國榮光卻再也回不去了。布爾戰爭象徵十九世紀的結束，也象徵英國「美好時代」的終結，接下來，我們就來到了最慘烈的二十世紀。

第四章 世界大戰與冷戰局勢

左腳踝
威權

20世紀

右腳踝
民主

① 你的敵人真的是敵人嗎？

第一次世界大戰時，感人的「聖誕休戰」

> **課本關鍵詞**
>
> 三國同盟、三國協約、壕溝戰

終於，我們來到了二十世紀了！

拿我們講了整本書的「如果歐洲史是一個人」來說，二十世紀真的很短，大概就是腳踝到腳底板這樣的長度而已。但這個世紀卻占了整本書四分之一的篇幅，你看它的重要性有多驚人！

為了迎接二十世紀的到來，我們就來講講最慘烈的第一次世界大戰，還有感人的「聖誕休戰」事件吧！

三國同盟 vs. 三國協約

第一次世界大戰前的國際局勢，通常也是同學讀整個歐洲史最痛苦的地方——什麼是「同盟國」、「協約國」？

但其實這段歷史的正確打開方式，是要搭配地圖一起看的。

基本上，整個二十世紀的歐洲就是環繞著德、法這兩個冤家開始。當時歐洲各國間最重要的法則就是「均勢」，也就是說，不能有誰勢力太過強大，否則其他國家就會對你群起而攻之。

所以當拿破崙的勢頭起來時，其他國家就成立反法同盟，把法國給壓了下去。1870年代，換德國與義大利建國了，尤其是德國，突然從歐洲中間冒出來，搞得其他國家很不安，特別留意德國的動向。當時的德國總理俾斯麥（Otto von Bismarck）發現：「等等！德國現在的處境也太危險了吧？」

於是，俾斯麥想盡辦法消解其他國家的疑慮。他做了兩件事：首先，宣布德國未來不會跟其他國家爭奪殖民地，大家可以安心啦！

第二，由於德國在歐陸最大的對手就是法國，為了避免法國報復，俾斯麥的首要目標就是要對老法搞排擠啦！因此，俾斯麥先找了奧地利，與奧匈帝國結盟，而義大利隨後也表示：「我我我！加一！」因此在1882年，德、奧、義三國組成了「三國同盟」。從地圖上看來就很明顯，一副「法國你敢輕舉妄動，就要圍毆你」的模樣。

俾斯麥的政策原本確實有效，但萬萬沒想到在他下台後，就任期間所締造的外交局勢，居然在短短二十年內就破功了，原因就是德意志帝國那位新活寶皇帝：威廉二世。

威廉二世就是二十世紀的川普，完全無法掌控。

上一篇我們不是提到英國對上南非布爾人時陷入苦戰嗎？結果威廉二世直接發了封電報，恭賀英國的死對頭布爾人，還暗

示要幫助布爾人！這下英國人整個氣炸了，埋下了英、德不合的伏筆，之後俄羅斯也跑來參一腳。

因此英、法、俄這三個國家就在1907年組成了「三國協約」。其實從地圖上來看，就有一種「你想圍毆我？看我反包圍你！」的感覺。

因此這六大國家就開始舉著槍相互對峙，只等一星火光，就足以野火燎原！

然而這點星星之火，就在1914年的塞拉耶佛爆炸了——1914年6月，塞爾維亞的民族主義者槍擊了奧匈帝國的斐迪南大公。

一個月後，奧匈帝國入侵了塞爾維亞，但因為塞爾維亞和俄羅斯同屬斯拉夫民族，於是俄國正式參戰。兩天之後，德國向俄國宣戰，再三天之後，英國也對德國宣戰。

第一次世界大戰，正式爆發了。

剛開始大家就想：「戰爭？就打一場大會戰，然後就打包回家啦！」然而，沒想到上一篇我們說到的新武器的出現，徹底改變了戰爭的型態，那就是機關槍！

先前在非洲開疆闢土的時候，歐洲人有機槍，非洲人沒有，所以戰爭當然就是一面倒的狀態，但現在可不一樣，你有機槍，對方也有機槍啊！

因此在機槍和炮兵相互作用下，任何想進攻的一方都會遭受重大的損失。為了躲避機槍，兩邊的士兵只能往下挖戰壕，平時的吃喝拉撒都在戰壕裡，最後成為一次世界大戰一個最顯著的特徵：「壕溝戰」。

最後整個西線戰場上出現了總長七百多公里，夠台北、高雄來回的超長壕溝。為了突破戰壕，兩個陣營紛紛開發新武器：毒氣、坦克、戰鬥機，但都沒能打破僵局。雙方只能一遍又一遍，把數百萬名士兵丟到戰場上，看誰先支撐不住。然而，就在這樣的地獄裡，發生了一件感人的事：在一個奇特的夜晚，雙方士兵忽然放下武器了。

聖誕休戰事件

原來這個奇特的夜晚，就是雙方都共有的一個節日：聖誕節。

當時戰爭打得比想像中還要長，隨著聖誕節將近，當時的德國陸軍司令部就在聖誕節前一個星期，把成千上萬棵小冷杉樹和蠟燭送到前線。本來德軍高層的想法，是要提振一下德軍士兵的精神，但他們萬萬沒想到的是，就是這份禮物，讓前線雙方在聖誕節當天產生不可思議的力量。

當時三十幾歲的德國中尉奧托‧哈恩（Otto Hahn）人就在西部戰線，對面就是英國與法國的軍隊。

在前線的戰壕裡，這名軍官奧托用他妻子送他的鋼筆寫下：「親愛的伊迪絲！妳現在在做什麼？妳昨天是怎麼慶祝的？昨天我們終於喝到了香檳，但也比平時更想家了……我們每個人都得到一大塊薑餅、雪茄還有其他好東西，連羊毛內褲都是平常的三倍厚！另外，戰壕裡樹立著一棵氣勢恢宏的聖誕樹，長桌上也擺放著小聖誕樹。我們唱起了古老而溫馨的聖誕頌歌。等到晚上，一切就變得安靜了。現在的時間是晚上十點半，萬籟俱寂，只有

很遠很遠的地方，隱約傳來炮聲。一切都靜止了，就像在最深的和平中。」

突然，中尉聽見不尋常的聲音。他寫道：「但這裡很奇怪，我懷疑自己甚至不應該寫出來。但這是真的，我們聽見戰壕裡的對方也在慶祝聖誕節！」

就這樣，他們第一次跨越國家的藩籬。

根據中尉的說法，戰壕裡不知道是哪一個德軍士兵，突然間就將一棵聖誕樹從壕溝裡端了上來。沒多久，德軍突然聽見對面的英國人對他們大喊：「聖誕快樂！」聽到聲響後，那名德軍士兵抬起了頭，並且做了一件極度危險的事：他爬出戰壕了！

中尉大驚！「我說，這太危險了，這種事是絕對不允許的，即使是聖誕節也不行。」、「但在我內心深處，我覺得它很美。」

不久後，士兵竟然奇蹟似地帶著香菸和菸草回來了！

中尉繼續寫道：「沒過多久，他又爬過去了。但這次他帶回來了幾個穿著短裙的蘇格蘭人，同時我們的人也接連爬出戰壕、走向了他們。」

部隊一波波地走了出來。大家把自己的聖誕樹放到壕溝上，四周籠罩著寒冷的霧氣，透過幽微的月光，大家聚集在一起。而在他們的身後，是一座已經成為廢墟的教堂。接著，中尉聽見士兵們用低沉的聲音，唱著古老甜蜜的歌曲。最後他感動地說：「這真是淒美而令人難忘的一幕。我好希望能把這一幕拍下來！」

事實上，所謂的「聖誕休戰」並不是某個特定的地方，而是整個西線的好幾個地方。

在另一個戰壕裡,來自巴伐利亞的約瑟夫‧溫茨(Josef Wenzl)寫信給他的父母:「我現在告訴你們的事情,或許聽起來覺得很難以置信,但這是千真萬確的事實。我們本來在戰壕之間充滿仇恨,但現在我們卻聚集在聖誕樹旁,唱著聖誕頌歌。這一生難得的景象我永遠不會忘記。」

在另外一個地區的撒克森部隊,則是用投擲手榴彈的方式向對方投巧克力蛋糕,另外還附上一張紙條,請求雙方熄火一個小時。在接下來的一小時裡,德國士兵在夜空下高唱著自己的平安夜歌曲,而英國人則爬出戰壕為他們鼓掌。

然而,聖誕夜發生的事情,卻讓交戰雙方的高層感到不安。如果雙方的士兵昨晚才剛剛相互交換過香菸和食物,怎麼可能再有辦法向對方開槍?或者用刺刀刺穿他們的身體?

所以,上級得盡全力將士兵這種情感壓下來。在聖誕夜之後,雙方高層都得命令士兵向對方開炮,甚至發動進攻、刺殺對方。也就在三年後的 1917 年聖誕夜,發生了一件讓我覺得最讓人心碎的事⋯⋯。

最讓人心碎的故事

這是我在一本德文書上找到的故事:那是 1917 年聖誕節,一名叫作馬克斯‧帕弗拉特(Max Paffrath)的德軍士兵,與他的戰友正躲在戰壕裡,準備在平安夜開始時站衛兵。他記下平安夜那天的狀況:

「今晚天空滿天繁星。天氣冷得要命。到處都可以聽到槍

聲,但聲音比平時要小得多。」

在漫長的站哨期間,年輕的馬克斯士兵突然想起了自己的家鄉、想到自己年邁的父親。母親早早就過世了,而父親一直代母職地把他們撫養長大。如今兩個兒子都已經參戰了,其中一個還受了重傷,躺在醫院中。

另一個就是馬克斯士兵本人,身處在整個西部戰線、最危險的地方。

就在午夜前不久,前線一個可疑的聲響把馬克斯士兵的思緒拉回到了現實。就在這時,聖誕奇蹟開始了:對面法軍的戰壕傳出了優美的〈平安夜〉歌聲。

這是好久以來,戰場上第一次出現了絕對的寂靜,安靜得就像把石頭扔進水裡一樣。等到對方的歌聲結束時,馬克斯士兵用德文繼續唱著歌。接著,雙方的士兵接連唱起這首聖誕頌歌。

就在兩邊歌曲正酣時,德軍一名軍官突然爬出戰壕,一邊唱著歌,一邊走向法國戰線!

所有人都認為這名軍官死定了,但法國人沒有開槍,反而一個接著一個地爬出壕溝。沒過多久,德國人與法國人就在這寒冷的墳場裡互相擁抱,又笑又哭。

接著,一切就像三年前的那場聖誕休戰一樣:德國人和法國人一起過聖誕節。法國人嘲笑著德國人可憐的黑麵包,並且向德國人分享了名滿天下的法國紅酒。

當時,另一名德軍士兵漢斯克也在其中。他是這群士兵裡面年紀最大的,而他最聊得來的對象是一名年輕的法軍軍官。沒多久,這位法軍中尉從懷裡掏出一張照片,那竟然是他家的……城堡!

這時，士兵漢斯克才知道，眼前的法軍中尉其實是一位法國貴族。接著，法軍中尉拿出自己母親的照片，一個字、一個字地對他說：「戰爭結束……你……找我，媽媽……很高興！」

士兵漢斯克點點頭，兩人訂下了約定。

萬萬沒想到短短一天之後，德軍就接到命令：「準備強攻法國戰壕！」

日後，士兵漢斯克回憶道：「兩天前，我們還在彼此的懷抱中，但現在我們正在肉搏戰中互相攻擊。當時，一個敵軍出現在我面前，舉起了他的手槍。」

不過對方卻沒有扣動扳機。就在千鈞一髮的時刻，士兵漢斯克的刺刀已經深深地刺進了對方的胸口。這時漢斯克才發現自己刺刀下的不是別人，正是那名法軍中尉！

德軍的進攻仍然在持續，但對士兵漢斯克來說，這場進攻已經結束了——他緊緊地抱著這名奄奄一息的法軍軍官。在這最後的時刻裡，法軍中尉請他帶走自己的錢包，裡面有一封他寫給媽媽的信。講完後，那名法軍中尉就過世了，他只有十九歲。

轉眼間，時間已經過了三十多年。當漢斯克在 1948 年對著晚輩講出自己的故事時，他已經是一名年老的園丁。

他不說話，已經筋疲力盡了。

晚輩靜靜地聽著，跟著老園丁一起挖著花圃。最後，老園丁又開始說：「等戰爭結束後，我把錢包以及那封信寄給了那位中尉的母親。沒過多久，我就收到老夫人的回信。她在信中感謝我照顧她死去的兒子，並且問我是否能去拜訪她。但我沒有回信說謝謝妳的邀請——我當然不能去！我去了之後要怎麼說？告訴

一個母親說,我殺了她的兒子?我做不到!」

說著說著,年老的園丁漢斯克靠在自己的鐵鍬上,哭得歇斯底里。

三十多年過去了,他依舊在為一位只交了兩天的朋友之死而悲痛,連時間都無法撫平這份悲傷。

或許這就是戰爭裡面最殘酷的一面。1918 年,第一次世界大戰結束了。而在 1990 年代兩德重新統一後,當時的德國總理柯爾決心要在東、西柏林邊界打造一座戰爭受害者紀念館,而裡面放置的雕像,要象徵在過去一個世紀內,整個歐洲的苦難。

最後選定的就是一位女藝術家凱特・科爾維茨(Käthe Kollwitz)的《聖殤》(*Pietà*)。這位藝術家也在第一次世界大戰中失去了小兒子,最後她將這份悲痛化為藝術,製作出了這座雕像。

《聖殤》講的是聖母瑪利亞懷抱死去的耶穌,雖然是基督教的故事,然而這象徵的卻是所有國家的人共有的一份記憶:「所有失去兒子的母親」。跟其他基督教畫像不同的是,母親沒有把兒子的屍體呈現出來,反而是用自己的衣服遮蓋兒子,不讓他受到進一步的傷害。但那種徒勞無功的姿勢,卻產生了極為強烈的悲愴感。

那裡沒有一絲救贖世人的跡象,只有對屠殺做出的回應與控訴。

這也就是戰爭,最令人心碎的一幕吧。

2

極權政治因何而起？

當時的見證者分析，有三個因素造就了納粹上台

> **課本關鍵詞**
>
> 凡爾賽條約、威瑪共和、極權政治、
> 法西斯主義、納粹政黨、毒氣室

　　1933 年 1 月 31 日，納粹黨未來的宣傳部長戈培爾和一票納粹黨人，正焦急地等待他們的「元首」希特勒與總統興登堡會面的結果。這一次會面，將決定希特勒是否能拿到他夢寐以求的職位：德國總理。

　　當時戈培爾寫道：「我們內心各種情緒此起彼落……過去失望的次數太多了，使我們不敢真的相信會發生偉大的奇蹟。」

　　過了不久希特勒回來了。戈培爾一群人一言不發地看著他，眼中滿含著淚水：「是的，那個年方四十三、那個年輕時候在維也納一事無成的流浪漢、一戰中的無名小卒……已經宣誓就任德國總理了。」

　　到底納粹和希特勒是怎麼獲得政權的？根據一位當時的見

證者哈夫納在他的書《破解希特勒》中指出，至少有三個主要原因。今天我們就來聊聊阿道夫的故事。

納粹崛起 1：已然墜落的大國之夢

第一個原因，就是「受損的民族自尊心」。

事實上在一戰前，歐洲的日子還是挺不錯的。當時歐洲經濟突飛猛進，其中，德國更是歐陸國家中的佼佼者，奧地利作家茨威格是這樣描述的：「……1905 年的柏林已不能與我在 1901 年見到的柏林相提並論，它已從一座都城一躍成為世界都市，1910 年的柏林又大大超越了 1905 年的柏林……。」然而當時所有歐洲的國家都渴望獲得更多東西、更多殖民地，以至於當時在非洲已經有許多小摩擦了。這時的歐洲人都相信，將會出現一場「終結所有戰爭的戰爭」，最後在一戰時，這個末日決戰就開始了。但是在一戰以後，一切都被打破了。隨著戰爭打了整整四年，犧牲的不只是前線的將士，連在戰線後方的老百姓都餓得前胸貼後背。

在這絕望的年代，雙方人民都還抱持著：「只要打贏，一切就都值得了！」當時小小年紀的哈夫納就回憶，他們每天最大的樂趣就是到街角派出所的黑板前，看著上面的戰情快報。看著上面寫著：「向前突破之縱深達三十公里！」、「已粉碎敵人之防線」、「俘虜敵軍三萬人！」小哈夫納相信這一連串的勝利背後，終將會有一個「最終的勝利」等待著德國人民。

直到 1918 年、戰爭結束前的最後一天，戰情快報仍然出現在派出所前；到了隔天，戰情快報突然消失了。

小哈夫納一條街、一條街地找，十一月的冰涼細雨打在他身上，終於在一個完全陌生的地方看到一張號外，他才發現：德國戰敗了。就在那一瞬間，男孩發現自己長久建立的幻想世界終於徹底破滅。

德國不但戰敗了，而且還是相當慘烈的戰敗。一年之後，由一百八十人組成的德國代表團進入法國凡爾賽，準備討論戰後事宜，卻被協約國晾在飯店裡整整一星期，最後，協約國直接把條約交給他們。

他們看了之後差點沒暈倒——原來，協約國對德國祭出了割讓十分之一的領土與上面將近七百萬個人民、將軍隊限制在十萬人以內，更重要的是還有鉅額賠款！代表團氣炸了：「……薩爾盆地、波蘭、西里西亞……支付一千兩百億馬克，最後還要求我們說一句『非常感謝』！」

德國代表團立刻提出許多反對意見，有些的確也滿有道理的。然而法國的答覆是：「德國政府只能選擇簽或不簽，沒有第三種答案！」

簽嗎？簽了就是亡國條約，賠償會讓德國民眾永遠變成奴隸。

不簽嗎？為了預防德國拒簽，協約國大軍已經開進德國中部，英國也隨時準備恢復海上封鎖。一旦德國拒絕，戰火就會立刻再起，而且這次絕對要把德國打到永世不得超生！

最後，德國終於在死線前幾個小時決議簽字。議長用一句話來結束會議：「我們這個不幸的國家，就託付給仁慈的上帝了。」凡爾賽條約和伴隨而來的混亂，讓許多人的確緬懷過去帝國時期的安寧富足。

而隨即而來的就是第二項原因。

納粹崛起 2：崩塌的經濟

之後推波助瀾的第二個原因則是「經濟」。

德意志帝國垮了，接續的威瑪共和國總共遭受了兩次最大的經濟重創，第一次是 1923 年的「超級通膨」。因為根據凡爾賽條約，德國要賠一千多億馬克。從第一年開始，財政狀況就很困難了，到了第三年，德國真的還不動了。

對法國來講：「很簡單啊！不還錢，我們就出兵！」

為了確保德國能拿出賠款，法軍就出兵占領德法邊界的魯爾工業區。消息一傳來，德國人都氣炸了，但他們又沒有軍隊可以抵抗法國，因此只好使出最後一招：罷工！

但罷工需要錢，德國政府只好瘋狂印錢。這樣做的下場只有一個：德國來到史無前例的通貨膨脹局面。像台灣的通膨，每年大概是漲二％左右，那你知道當時德國從 1922 年到 1923 年差了多少嗎？

七千兩百五十三萬倍！

當時物價每個小時都在波動。許多人花一輩子存的積蓄在一夜之間都化為烏有了，不少人被迫上街乞討，甚至失去生命。當時，年僅十六歲的哈夫納就親眼看見了一幅景象。有次他看見一名年邁的貴婦靜靜地坐在公園的板凳上，她身邊圍繞著一小群人。

路人甲說：「死了。」路人乙補上一句：「餓死的。」

就是這起事件，使德國人從理性務實的民族，突然變成充

滿無限激情與憤怒的民族。等到 1929 年，更糟糕的事情來了：美國華爾街股市在經歷了十年榮景後，在一個星期內直接崩盤。

　　經濟恐慌立刻傳到了歐洲。德國馬上受影響，而且是巨大的影響。經濟危機使勞動者以駭人聽聞的速度陷入貧困，等到時間來到 1932 年，失業人口總數已經達到六百萬。一名英國記者描述當時德國那種黯淡絕望的氣氛：「一間酒館裡人山人海，但都沒錢買酒。接著有個人點了一杯啤酒。侍者把啤酒送到他面前，他喝下去，然後整間酒館的上百位客人全都呆望著那位唯一有錢點啤酒的客人。」

　　就在那個最黯淡的日子裡、在成千上萬名德國人陷入苦難深淵的時刻，街頭開始出現了一張海報，上面用表現主義風格呈現一大群百姓，在人群的下方僅寫著這樣的字句：「希特勒，我們最後的希望。」

納粹崛起 3：希特勒本人

　　最後一個原因就是希特勒本人。

　　事實上希特勒根本就不是德國人，他是奧地利人，而且他也不是打從一剛開始就要走上政治這條路的。其實，他想當一位畫家，因此在十八歲左右，先後報考了兩次維也納美術學院，但很遺憾的是，兩次都被刷下來了。

　　之後他在維也納四處流浪、靠賣畫為生。就在他於維也納為生存掙扎時，開始接觸到了一種思想，那就是狂熱的民族主義和反猶主義。

　　隨著一戰爆發，希特勒不想跟猶太人一起服役，因此跑去

加入德軍。他的確是滿英勇的，至少還拿到了兩枚鐵十字勳章，但過沒多久，就在一次任務中中毒失明，當時他就是在病床上聽見德國戰敗的消息。戰後，他開始涉入政治圈。

不過，希特勒沒有背景、沒有學歷，但當時的德國就是一個很重視學歷的國家。因此一個不要說大學，甚至連中學都還沒讀完的人，哪可能坐上總理的位置？然而，在那個動盪年代，卻給了像希特勒這樣的人一個最好的機會。

早在一戰剛戰敗的時候，許多德國人已經勾勒出類似希特勒那麼一號人物，他們寫道：「總有一天會誕生一位足以振衰起敝之人……必將掙脫鎖鏈、掃清殘磚廢瓦；建立秩序、鞭策迷途者重返家園；回歸永恆法理，使偉大之物再度偉大……。」希特勒看起來就很像是當時要拯救德國的救世主。

原因很簡單，那就是他有驚人的口才和宣傳天賦。

接下來我們就來看看在 1932 年的一場演講上，希特勒是怎麼造勢的。

希特勒說造勢一定要在晚上。當時，柏林體育場內外已經擠了大約二十萬人。在集會開始前，通常會由一個比較次要的人物先上台暖場，他會先用親民的態度對群眾講話，而這次的暖場人物，就是納粹未來的宣傳部長約瑟夫・戈培爾。

戈培爾先是講點笑話，然後語調越來越悲愴，目的就是要激起大家的憤怒心。就這樣，隨著時間來到晚上十點，這時的天色已全黑。希特勒準備要進場了。

讓大家最吃驚的是，他竟然是從「天空」進場的！

原本一片黑暗的夜空裡，全場開始騷動了起來，有人大喊：

「希特勒！希特勒！」、「在哪？」、「天上！」大家一抬頭，看見夜空突然出現了一點點火光，那是一架飛機——1932年，希特勒就用飛機進行全國巡迴演講了！

希特勒從三千公尺的夜空向柏林急轉而下，天上飄然之音變為巨大爆裂的聲響，巨大的火光緩緩降落在會場不遠的廣場上。不久，一陣車聲來到場外，希特勒站立在閃著強烈光線的汽車前，從一片漆黑中緩步出現。二十萬人全部起立，舉著右手大喊：「希特勒萬歲！」在這樣的擁戴聲中，希特勒上場了。

有人說，希特勒的演講很煽動人心。

很多人以為「煽動」等於「狂罵」，但其實看希特勒的講稿就知道，他的「煽動」不是分裂而是凝聚。他先述說當今政府的錯誤：「十四年了，他們曾莊嚴地宣誓，要帶領人民走向更美好的未來。但十四年之後，你們獲得了什麼？農民變得貧窮了、中小型企業被摧毀了、數百萬人的社會希望被摧毀了。更糟糕的是，我們的民族已慢慢地解體，成為一團散沙。」

把大家帶到絕境之後，只有他和納粹黨才能夠團結人民：「十三年前，我和七個人開始了團結德國的事業，今天，已經有一千三百萬人站在我們的身邊！這些人來自各行各業、各個階層！一千三百萬名工人、農民和知識分子，還有來自全德國各個角落的成員，他們站在一起，結成了不可分割的偉大團體！如今他們忠誠地團結在一起，不是因為他們是巴伐利亞邦的人，或是普魯士邦的人；不是因為他們是工人或是資產階級。他們團結在一起，是因為他們是——德國人！」

暴雨似的吼聲，從二十萬名聽眾的喉中轟然而出。也就是因為這三點，最後在1933年，希特勒當上了德國總理。

在那之後，大家想必都知道發生了什麼事：德軍兵不血刃地進入了奧地利、捷克，接著用「閃擊戰」的方式，快速地入侵波蘭、蘇聯。在征服東邊後，德軍在西線發動攻勢，把英軍從敦克爾克徹底趕出去，接著占領法國。

之後的戰局逐漸逆轉。1944年，英美盟軍重新在諾曼第登陸，而蘇聯也從東邊越打越近。就在進攻過程裡，盟軍發現了德國維持「種族純淨」的工具：集中營。

集中營使用的是毒氣。當年我在找相關資料，看到波蘭最大的「奧許維茨集中營」中的毒氣室內部照片時，整個人倒吸一口氣：「那是……指甲抓痕嗎？」是的，當時猶太人被以「洗澡」名義送進毒氣室，當鐵門關上、內部開始施放毒氣時，裡面的人們在極度痛苦和驚恐下，竟然能用指甲在水泥牆上留下抓痕！

一位曾在毒氣室工作的猶太犯人穆勒（Filip Mueller）回憶道：「人們拚命地往牆上抓，指甲折斷、血流滿地……。」

這是人類史上，最殘酷的一頁。

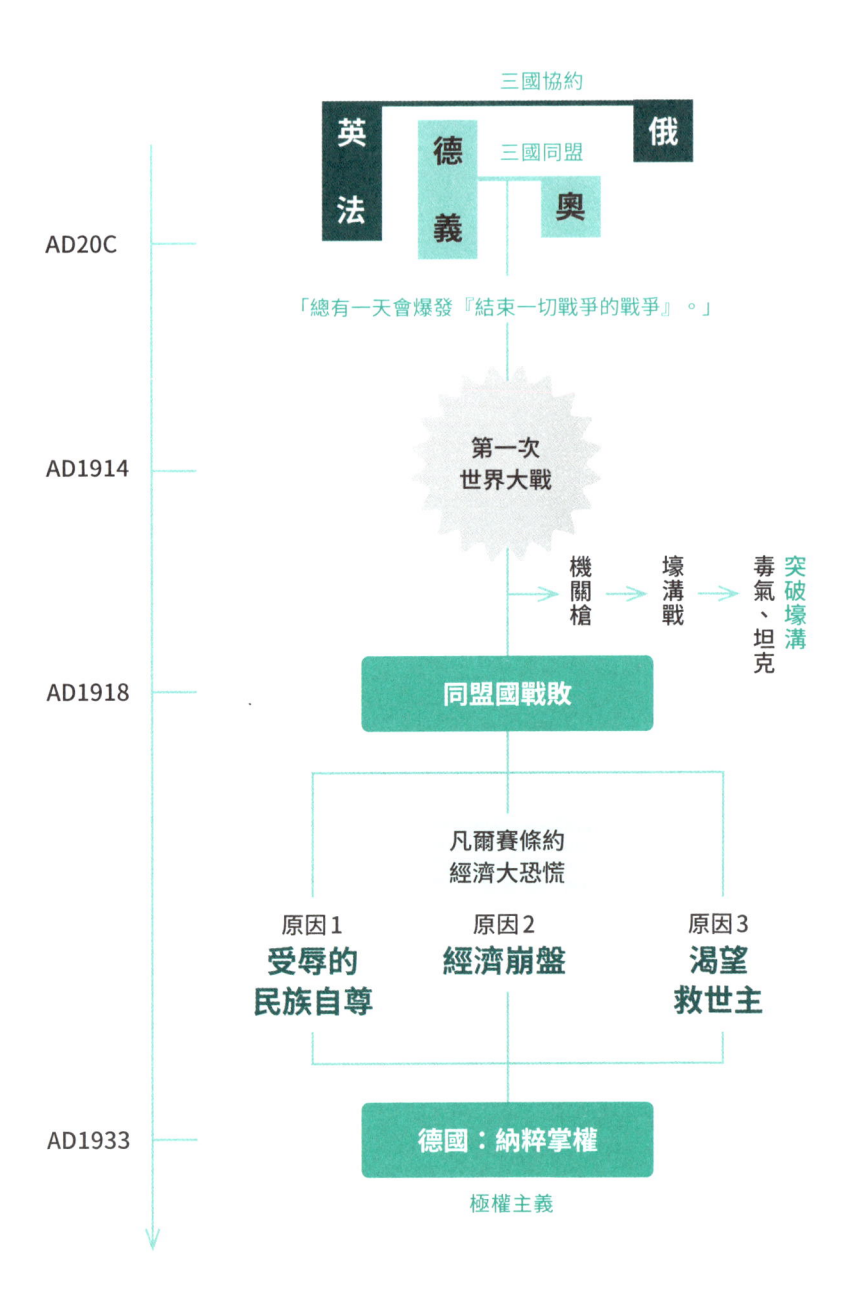

```
                      三國協約
          ┌─────────────────────┐
          英    德          俄
                三國同盟
          法    義    ┌────奧
                     
AD20C ────┤

          「總有一天會爆發『結束一切戰爭的戰爭』。」

          第一次
AD1914 ───┤  世界大戰

                    機關槍 → 壕溝戰 → 突破壕溝
                                     毒氣、坦克

AD1918 ───┤     同盟國戰敗

                 凡爾賽條約
                 經濟大恐慌

          原因1      原因2      原因3
          受辱的     經濟崩盤    渴望
          民族自尊              救世主

AD1933 ───┤     德國：納粹掌權
                  極權主義
```

170　人生的坑，都在歷史課本裡

③

共同敵人一消失，
伙伴就分道揚鑣了

引爆冷戰的間諜事件

課本關鍵詞

冷戰、美蘇對壘、鐵幕、圍堵政策、馬歇爾計畫

　　說到冷戰，你可能會想到爸媽冷戰、夫妻冷戰。這種頂多不說話、鬧鬧彆扭的情況雖然有點難過，但終究不會死人。不過，如果今天冷戰的雙方是國家，而且還是世界上最大的兩個國家，那就有可能是世界末日了？

　　是的，這篇要說的就是一場引爆冷戰的間諜事件。

　　時間是 1945 年、二戰結束才一個多月，有一名二十六歲的年輕人正在加拿大渥太華警局前不斷徘徊，最後他走了進去，並掏出藏在身上的一百多份文件。

　　加拿大人一看差點嚇死，原來這披露的正是蘇聯政府一個最大的祕密。就是這起事件，改變了未來四十年的世界⋯⋯。

改變世界的末日武器

第二次世界大戰時,美國和蘇聯手牽手、心連心,一起手撕納粹德國。但是,明明前一刻美、蘇兩國還一起抗敵,怎麼一轉眼就變成了敵對關係?

原來,事情要從一種大規模的毀滅性武器開始說起。

1945 年 7 月 16 日,天剛破曉之際,《紐約時報》記者羅倫斯知道,就在前方的新墨西哥沙漠裡,他即將看見歷史上最震撼的轉捩點。

在他四周,將軍、科學家、工作人員全都緊張地等待著。沒多久,廣播傳來倒數的聲音:「三、二、一,爆!」緊接著,一陣無法想像的奇異光輝瞬間閃爆。在閃光之後,大地開始為之顫動,在這最不可思議的恐怖之中,一顆帶著金屬光芒的火球,向天空無限攀升、擴展,最後逐漸轉變成為巨大的蕈狀雲,直升沙漠的天空。

記者看呆了,不斷在紙上記下各種詞彙:「新時代的誕生」、「元素之火」……此時他聽見兩位將軍的對話:「戰爭已宣告結束了。」

果真如此。一個月後,日本廣島和長崎就遭原子彈襲擊,沒多久就宣布無條件投降。

二戰終於結束了。美國毫無疑問地成為了世界霸主,但蘇聯在反攻德國的過程中,也控制了許多東歐國家,在當地扶植成共產政權,也讓蘇聯成為世界上第二大強國。

這時就有一個尷尬的問題了:美國一直以來都信奉資本主

義，而蘇聯則是信奉共產主義。

因此，這兩個國家先天體質上就不合，當時只是因為有希特勒這傢伙存在，兩邊才不得不暫時合作，現在二戰結束了，兩邊「分手」的時間就不遠了。

而讓美國和蘇聯真正撕破臉的，是 1945 年發生的古琴科事件。

人民的敵人

我們先說說古琴科這個人。他的名字叫作伊格爾‧古琴科（Igor Gouzenko），出生於 1919 年的蘇聯。

他的成長過程算是相當典型的蘇聯人生：十四歲時，加入了有點像童子軍的蘇聯少年先鋒隊，在那裡他學到共產主義就是最棒的主義、共產主義的世界則是最棒的世界，而他也一直這樣相信著。然而有次隊伍行進中，古琴科的小隊遇上了一群他此生看過最慘的人：他們身上的衣服根本不是衣服，只是一堆凌亂的破布，從衣服的破洞裡，每條肋骨都清晰可見。這群可憐人正向他們乞求麵包，當古琴科要給對方麵包時，卻突然衝出一名官員上前阻止，並且大喊一個古琴科完全沒聽過的名詞：「不要給他們麵包！他們是『人民的敵人』！」說完，就把麵包扔進水溝裡，那些人只能露出古琴科此生看過最深沉的哀傷。

小小年紀的古琴科不懂：「人民的敵人？那是什麼？」然而幾年之後，他就知道了⋯⋯。

幾年過去，古琴科已經從少年先鋒隊結業，成為「共青

團」的成員。就像所有情竇初開的中二生一樣，古琴科也有一位心儀的對象，然而就在某天，古琴科突然被通知要召開一場批鬥大會。

等大家都到了批鬥現場，古琴科震撼地發現，他們要批鬥的對象竟然就是他喜歡的女孩子！

女孩垂頭喪氣地站在講台中央，兩邊則站著三個比較年長的團員，向台下的人宣告：她的父親是「人民的敵人」！

原來，她的父親之前曾支持史達林的政敵托洛斯基。隨著史達林上台，所有曾支持托洛斯基的人都遭到了清算。即使女孩拚了命地和父親劃清關係，但是批鬥者卻毫不留情地大吼：「妳就是毒瘤！妳在共青團裡已經毫無作用了！所有人都必須將毒瘤給趕走！」

有人嘗試為女孩說點話，然而台上的批鬥者馬上應答：「你這個樣子配做擁有更高教育水準的青年團員嗎？你不是想進交通學院嗎？我告訴你，你這軟弱、向敵人低頭的樣子，是絕對進不了交通學院的！」這下，每個人都懂了：他們的前途完全取決於今天所做的選擇。

最後表決時，每個人都舉手支持將女孩趕出青年團，甚至連古琴科都舉起手。自始至終，古琴科完全不敢看那個女生一眼。後來他聽說女孩與她的母親被趕出莫斯科，至於下場有多淒涼，古琴科就不知道了。

在古琴科的自傳裡寫道：「我永遠無法忘記那些囚犯的樣子，還有目睹領導喝到酩酊大醉的模樣⋯⋯這一切都讓我在1945年9月的夜晚裡下定決心。」

二戰爆發時，古琴科和妻子被派到加拿大的蘇聯大使館擔任情報工作。隨著戰爭結束，古琴科因為犯了一個輕微的錯誤，被上頭命令調回莫斯科。

古琴科知道，蘇聯對所有曾派駐到西方的人都高度不信任，這次一回去，等待他的可能就是西伯利亞的勞改營，或是在什麼地方消失無蹤。所以這就是最後的機會了——他決定叛逃到加拿大！

但要逃到西方，就得準備一些禮物。因此等到9月5日這天，他挑出了上百份文件與密碼本，迅速離開大使館。

在西方世界引發軒然大波

二十六歲的古琴科手上拿著公事包，在加拿大渥太華警局前不斷徘徊。他擔心警局裡有蘇聯的線人，最後跑去加拿大最大的《渥太華日報》報社，就這樣走進去，對報社編輯說：「爆發戰爭了！是俄國！」

報社編輯嚇了一大跳：「什麼戰爭？我們哪有跟俄國開戰？」

最後，古琴科表明身分：「我是蘇聯情報官員，準備叛逃來加拿大。而且我還有證據表明，無論是加拿大或美國，都已經被俄羅斯情報機關滲透！」

然而，對方根本不相信古琴科，二話不說就把他趕走了。就在這叫天不應、叫地不靈的時刻，晚上七點左右，古琴科的家門突然傳來了急促的敲門聲！

「古琴科！開門！」

古琴科立刻知道：蘇聯大使館發現他偷走文件了！

古琴科當機立斷，馬上向鄰居請求幫忙之後，躲進鄰居家中。蘇聯大使館的工作人員就這樣撬開古琴科家門，接著在裡面瘋狂搜尋。最後還是鄰居報警，警方來了之後，那群人才匆匆忙忙離去。

之後，古琴科再次向加拿大警方表明：蘇聯早已派遣許多間諜來西方了，而這些間諜的目的，就是「如何製造原子彈」。

本來加拿大警方還半信半疑，但當古琴科拿出了佐證的文件時，警方不看還好，一看吃驚到不行：這些全都是從蘇聯大使館偷出來的文件，完全驗證了古琴科的說法，而且上面甚至有史達林的親筆簽名！

整個事情就這樣爆開了。1946 年 2 月的一個星期天晚上，全美國最知名的廣播人德魯‧皮爾森在自己的節目裡，當著兩百五十萬聽眾的面，播出這則轟動的獨家新聞。美國總統杜魯門遭受巨大壓力，終於在外交上開始了「圍堵政策」——透過「馬歇爾計畫」、金援西歐地區的經濟、軍事發展，冷戰也隨即開始了。然而，三年後的 1949 年，美國最黑暗的惡夢成形了。

比原子彈更強大的武器誕生了

在哈薩克的草原上，一道白亮的閃光轉變為一顆巨大的火球，火球緩緩向上，留下一團巨大且漆黑的蕈狀雲。

蘇聯科學家興奮地互相擁抱。這就是蘇聯的第一顆原子彈試爆，就是在這一刻，宣示了世界兩強的核競賽時代，已正式來臨。

這在美國的內政與外交上都造成轟動。在內政，美國國內掀起了浩浩蕩蕩的「麥卡錫主義」，每個人都在互相猜忌，所有政府機構、外交單位、學校教師、同性戀，甚至是最知名的科學家愛因斯坦本人，都被指稱是共產黨同路人。

美國也祭出了回應：製作出比原子彈更厲害的超級炸彈——氫彈。

在最後決定的會議上，杜魯門總統只花了七分鐘，就下令研發氫彈：「我們別無選擇了，動手吧。」在知道杜魯門的決定後，愛因斯坦嘆了一口氣：「人類滅絕的時間已經不遠了。」接下來，美國與蘇聯分別建立了對立的陣營。

然而因為雙方都有大量核彈，讓美、蘇兩方都不敢對對方輕舉妄動。不過兩邊雖然沒有直接對壘，兩邊小弟的「代理人戰爭」，卻在冷戰中時常出現——東亞的韓戰、越戰，還有中東的以阿戰爭都是如此。

究竟，世界會變得怎麼樣呢？

4

即使是在黑暗中，也永遠不要忘記仰望藍天

1968 年「布拉格之春」事件

課本關鍵詞

麥卡錫主義、軍備競賽、民權運動、布拉格之春

1968 年 8 月 20 日，這是一個有些霧氣朦朧的夏日。

捷克斯洛伐克首都布拉格，到處都是來自西歐與美國的年輕遊客。就在八天前，《紐約時報》才報導：「今年夏天，布拉格似乎是年輕人最想去的地方。」

而實際情況也確實如此，大家此時紛紛聚集在著名的布拉格老城廣場，一邊看著天文鐘、屋頂造型非常特殊的魔鬼教堂，一邊享用著紅酒和葡萄酒，一切都標誌著一個無憂的夏日時分。

然而，就在隔著一條河以外的捷克共產黨總部外，氣氛卻非常凝重。許多消息顯示，蘇聯以及其他附庸國的大量軍隊已經聚集在捷克斯洛伐克邊境，隨時都有可能入侵。但捷克總書記亞歷山大・杜布切克（Alexander Dubček）卻怎麼樣都不敢相信，蘇

聯真的可能會攻進來。

晚上十一點三十分,捷克國防部長打電話到布拉格,氣急敗壞地宣布:「蘇聯軍隊已經越過邊界,即將占領我們的國家!」

總書記杜布切克的眼裡頓時湧出淚水,驚呼道:「我終其一生,都在致力於與蘇聯合作……而他們竟然真的這樣對我!」

布拉格的前世今生

大家,終於來到最後一篇了!事實上,在寫最後一篇的時候,我腦中的畫面感非常清晰,因為布拉格是我在歐洲除了漢堡以外,最喜歡的城市。當年我在德國讀書,我老婆則是在法國,就在2013年的聖誕節假期,我們不約而同地選擇去布拉格度假。

就在聖誕節那天,我和她在布拉格廣場旁的溜冰場相遇了。我們一起度過四天假期,離開布拉格後我就告白,然後就在一起了。

從此就開啟了我們的孽緣……噢,不是,是一段浪漫的姻緣。不過根據老婆的說法,當時她之所以會答應,和布拉格實在太美也脫不了關係。如果我們在台北街頭相遇,她看都不會看我一眼(喂!)

好的,我們就先來解釋一下布拉格的前世今生吧!

布拉格是中歐捷克斯洛伐克的首都。這個國家很倒楣,就在德國旁邊,二戰時期成為了納粹德國的附庸國;而在1945年,蘇聯坦克開進布拉格。

解放當天,捷克電台主持人播報:「現在我們向大家宣布,

現在、此時此刻,紅軍解放了布拉格!布拉格得救了!」

捷克人民歡聲雷動。接著在 1946 年,捷克斯洛伐克人民舉行投票,共產黨獲得了整個東歐最高的票數。兩年之後,捷克成立了以共產黨領導的新政府。

在那個年代,蘇聯和共產主義在當時捷克人的心目中可都是解放的象徵。因此許多捷克的知識分子、作家都歡聲雷動。其中一位作家正是大聲歡呼的其中一員,他的名字叫作米蘭・昆德拉。

當時米蘭・昆德拉才二十歲,就像那時大多數的青年藝術家一樣,他毫不猶豫地就加入共產黨。他回憶:「當時,所有捷克先鋒的藝術家或詩人都是共產黨員。這場革命有一定的美感和詩意……共產主義讓我著迷,它預示著一個偉大、奇蹟般的轉變,一個全新、不同的世界。」

然而,隨著時間來到 1950 年代,這份美好想像就徹底破滅了。

捷克跟隨蘇聯史達林的政策,進行了一系列集體農場政策,讓許多農民都失去了自己的農田。另外,為了鞏固權力,捷克共產黨也對異議人士採取殘酷的鎮壓行動。光是 1952 年,法官就判處兩百三十三人死刑,還有約十五萬名政治犯遭到監禁。人們在街上笑容越來越少,米蘭・昆德拉說,從那時起,他就「對這個正失去幽默感的世界感到恐懼」。

幸好到了 1960 年代,一切逐漸發生了改變:當時,整個世界到處都在發生反抗事件——在中國有文化大革命;在美國有反越戰、黑人民權運動、同性戀解放運動;在歐洲,德國與法國則有著名的「五月風暴」學生運動。

德國學生運動的消息很快就傳到了捷克，也影響到了捷克的作家與知識分子。1967年，布拉格舉辦了一場捷克作家大會。那本來是一場普通的會議，但在會議上，有三位文學雜誌編輯在台上竟然脫稿演出，要求言論自由和出版自由，並批評了捷克共產黨高層！

　　就這樣「砰」的一聲，炸出了改革的大門！此後批評的聲浪就像野火燎原一樣，學生們的集會越辦越大，訴求也越來越清晰，要求的就是：自由！經濟自由、言論自由、出版自由。

　　在強大的民意壓力下，捷克共產黨終於在1968年1月換了領導人，而上台的人名字叫作亞歷山大・杜布切克。

維持一年的自由之夢

　　杜布切克當年才四十六歲，算是非常年輕的領導人。先前他並沒有什麼存在感，人們對他最大的印象就是：笑得很靦腆，感覺很無害。

　　當時的捷克年輕人驚喜地發現，新上任的總書記很符合他們的口味。他很真誠地回答大家的問題，不像老一輩的政治人物，講話繞來繞去，根本不知道在講什麼。

　　而杜布切克也的確是一個會回應群眾訴求的領袖。他上台之後沒多久，眾人就發現：「天啊！國內的出版審查制度竟然放鬆了！」

　　當時，一種新的售報亭突然出現在布拉格。人們不但可以在裡面喝咖啡、看報紙，甚至還有西方國家的報紙！每天晚上，這種小屋裡都擠滿了看報紙的人，更重要的是，連捷克的報紙都

可以抨擊政府了!

到了三月,整個國家欣欣向榮,在這整個月裡,熱情洋溢的改革者在整個捷克斯洛伐克境內舉辦了好幾百場活動。布拉格的國會大廈裡,最高層的政治人物與知識分子一起當著一萬五千人的面,討論改革經濟和社會。這一切都標誌著一個新的開始,人們給這種自由風氣取了一個充滿希望的名字:「布拉格之春」。

米蘭・昆德拉日後回憶:「當時的布拉格之春,是最美好的一個年代。一方面,自由已經來到布拉格,邊境也開放了;但同時,布拉格又還沒被貪婪的資本主義給汙染,因而創造了一個相對平等、沒有階級與貧富之分的社會,但也擁有言論自由、多元和充滿活力的文化。我不知道它會有什麼樣的未來,但我確實知道,在它存在過的短暫時刻裡,活在其中就是一種快樂。」

沒多久,這種自由的風氣蔓延到其他共產國家。波蘭開始有學生走上街頭,喊的口號就是:「捷克斯洛伐克萬歲!」但同時卻有一個國家非常不滿,那就是共產老大哥:蘇聯。

當時蘇聯的最高領導人布里茲涅夫(Leonid Brezhnev)總書記面臨了兩難:如果捷克斯洛伐克繼續這樣下去,蘇聯該怎麼辦?要進軍入侵嗎?但根據蘇聯說法,所有共產主義國家都是自己的「兄弟國」,向自己兄弟出兵好嗎?

就在這時發生了一件事,讓蘇聯高層終於下定決心——捷克斯洛伐克政府內部,出現了內奸!

原來,在捷克政府裡,總共有十九名親蘇高官。這些人私下傳訊息給蘇聯總書記,說道:「偉大的總書記!我們國家的社會主義快要完蛋了!只有您才可以把我們從這危險中搶救出來!」

這下，蘇聯徹底解套了：「我不是在入侵捷克，而是捷克這個兄弟在向他求救。所以蘇聯是在幫助捷克啊！」

蘇聯總書記的心意已決。

入侵友邦

1968 年 8 月 20 日晚上，總數達四千六百輛的蘇聯與其他國家的坦克，以及二十萬名步兵從二十個地點越過捷克斯洛伐克邊界。在接到入侵消息後，捷克總書記杜布切克眼眶頓時湧出淚水，不敢相信蘇聯竟然真的會入侵這裡！整個晚上，杜布切克都一直緊盯著電話，希望有人打電話過來解釋說，這一切都是誤會。

然而，他的希望最後仍然落空了——很快的，一群蘇聯傘兵來到捷克中央黨部。一名身材矮小的蘇聯上校走進辦公室，趾高氣昂地要所有官員「接受保護」。就這樣，蘇聯傘兵帶走了杜布切克。

隔天早上，捷克民眾都相當激動——成千上萬的人第一個反應是：湧向廣播電台！因為他們知道，蘇聯軍隊一定會攻占那裡。

布拉格人蜂擁到廣播電台前。早上七點半，蘇聯坦克果然來了。坦克在路障前一停下來，捷克人民就一湧而上，用外套和夾克遮住坦克的觀察窗，不然就是對著坦克扔自製的燃燒裝置。濃濃的煙霧瀰漫著，街道上遍地都是燒毀的汽車與碎石塊。

蘇聯士兵被嚇到了，最後他們決定開火，捷克民眾紛紛倒地。上午九點鐘，蘇聯軍隊正式占據廣播大樓。

整個國家一時之間，都處在暴亂的狀況，捷克人甚至換掉布拉格市中心的所有路牌，把市中心的每條街都叫作「杜布切克街」，用來迷惑蘇聯坦克。然而在整個入侵過程中，捷克一直有許多被蘇聯的車輛碾過或開槍射死的人民。

不過，這一切都是徒勞無功。幾天後，捷克人看見自己愛戴的總書記杜布切克又重新出現了。

他發表了演說，要大家相信蘇聯的入侵「只是暫時的」，並要大家相信捷克最後會恢復正常。然而比起杜布切克的演說內容，更讓人震撼的是他的腔調：他在講話時，臉色蒼白、聲音顫抖，講話中夾雜著難以抑制的抽泣，詞句彷彿被羞愧和失望弄得支離破碎。

所有捷克人都知道這是怎麼回事：杜布切克跟蘇聯妥協了，捷克重回蘇聯懷抱。雖然這個妥協避免了大規模的死刑和流放，但從此捷克只能對蘇聯搖尾乞憐、卑躬屈膝，永遠持續下去。

蘇聯入侵後一個月，捷克的媒體又遭受限制，成千上萬的人逃離了捷克，留下來的人也只能無聲地哀悼著。就像當時一首流行歌的名字：〈我希望這只是一場惡夢〉。

米蘭‧昆德拉也離開捷克、移居法國。近十年之後，他在法國出版了他最重要的作品──《生命中不能承受之輕》。這本小說的背景，就是布拉格之春。從那時起，捷克一直都受到蘇聯的強力掌握，直到 1989 年。

這一年，波蘭、保加利亞、捷克、羅馬尼亞紛紛結束共黨統治，連整個共產陣營裡經濟最好的東德，也在年底突然被推倒了柏林圍牆，一年之後就和西德合併了。

也正是因為這段共產統治的日子，如今的東歐國家反而比

那些老牌民主國家,更珍視自由民主的價值。

2023年,捷克眾議院議長艾達‧莫娃來到台灣,在立法院發表了演講:「我相信那些走過荊棘之路才贏得自由民主的人,是真正能夠珍惜自由和民主的人。敬愛的台灣人民,在此我想向你們保證,我們現在與你們同在。我們將繼續和你們同在,在任何情況下,都與你們同舟共濟⋯⋯。」

冷戰時代

1940's

古琴科事件
震撼西方

民主陣營 — **共產陣營**

美國＋北約　　　　蘇聯＋華約
不戰不和，只圍堵

杜魯門主義
金援歐洲

馬歇爾計畫

民主陣營內部 → **國際衝突** ← 共產陣營內部

麥卡錫主義
(1950)

柏林危機 (1948)
韓戰 (1950)
柏林圍牆 (1961)
古巴飛彈危機 (1962)
越戰升級 (1965)

布拉格之春
(1968)

反越戰
黑人民權運動

天安門事件
(1989)
柏林圍牆倒塌
(1989)
東歐之春
蘇聯解體
(1991)

1990's

後記
EPILOGUE

歷史不會重演，但會不可思議地相似

　　好啦，各位看到這裡的同學辛苦了，我們的課就上到這裡了。最後想告訴大家一點點我的內心話，覺得無聊的人，可以先自行下課沒關係 XD。

　　記得之前我去高中上課時講到大航海時代。那一堂課，學生好像都很意興闌珊，搞得我也很無精打采。就在這時我突然靈光一閃：「不然這樣好了，接下來我們來玩一個遊戲。我們分成好幾組，你們每一組的組長都是大航海時代的船長，要去解決他們當時面對的所有問題，看你們有沒有辦法成功來到亞洲。」

　　那瞬間，台下的眼睛全都亮了起來！同學越答越興奮，我也越設計越開心。最後更多的遊戲開始出爐：比方說把波斯帝國的崛起設計成海龜湯啦，還有把一起著名的女巫獵殺事件「彭德爾女巫」做成劇本殺。讓同學各自扮演一個角色，看看他們有沒有辦法不燒死女巫。

　　當然我知道，之所以能夠玩得那麼快樂，是因為我上的不是歷史課，而是一門叫作「多元選修」的課程，才可以做那麼多

嘗試。不過就是在這個嘗試的過程裡，我逐漸發現：「你們根本不是對歷史沒興趣嘛！」

同學說：「本來就是啊，我們只是不知道為什麼要背那些已經過去的名詞而已。」

是啊，如果事情已經一去不復返的話，那我們為什麼還要讀它呢？

因為那些過去發生的事情雖然不會重演，但往往卻重演著相似的人性劇本。當那些類似事件再次發生的時候，相同的貪婪、恐懼，都會促使我們做出相似的選擇。

所以，這就是這本書的由來啦！

透過這本《人生的坑，都在歷史課本裡》，我把歷史課本常常聽到的名詞全都拿出來，一一告訴大家：為什麼編教科書的老師覺得這很重要？當時這事件有什麼意義？而裡面的歷史人物遇到的是什麼樣的兩難問題？

比如說像羅馬的凱撒，當你有機會全力一搏，但下場不是完全勝利，不然就是徹底毀滅時，你會不會賭一把命運的骰子？或是大航海時代，當你有四分之一機率可能會死，為何還是要堅持出航？是利益、是信仰，還是相信那個流著奶與蜜的遠方？

希望這是一本大家會讀到愛不釋手的「世界史課本」，也希望能夠因此讓大家更願意前往世界各個角落，去看、去體驗、去感受。

謝謝大家，我們下課啦！！

歷史 089

人生的坑，都在歷史課本裡：
人體圖像化記憶，從此輕鬆讀通歐洲史

作　　者／神奇海獅
發 行 人／簡志忠
出 版 者／究竟出版社股份有限公司
地　　址／臺北市南京東路四段50號6樓之1
電　　話／（02）2579-6600・2579-8800・2570-3939
傳　　真／（02）2579-0338・2577-3220・2570-3636
副 社 長／陳秋月
資深主編／黃淑雲
專案企畫／賴真真
責任編輯／歐玟秀
校　　對／歐玟秀・林雅萩
美術編輯／林雅錚
行銷企畫／陳禹伶・鄭曉薇
印務統籌／劉鳳剛・高榮祥
監　　印／高榮祥
排　　版／陳采淇
經 銷 商／叩應股份有限公司
郵撥帳號／ 18707239
法律顧問／圓神出版事業機構法律顧問　蕭雄淋律師
印　　刷／祥峰印刷廠
2025年10月　初版
2025年11月　2刷

定價 360 元　　　ISBN 978-986-137-495-6　　　版權所有・翻印必究

◎本書如有缺頁、破損、裝訂錯誤，請寄回本公司調換　　　Printed in Taiwan

讀完本書之後，如果你能稍稍看一看自己的周遭，發現幸福快樂其實早就已經在自己身邊，那麼我寫這本書的目的就達到了。

──《海獅說歐洲王室羅曼死》

◆ 很喜歡這本書，很想要分享

　　圓神書活網線上提供團購優惠，
　　或洽讀者服務部 02-2579-6600。

◆ 美好生活的提案家，期待為您服務

　　圓神書活網 www.Booklife.com.tw
　　非會員歡迎體驗優惠，會員獨享累計福利！

國家圖書館出版品預行編目資料

人生的坑，都在歷史課本裡：人體圖像化記憶，從此輕鬆讀通歐洲史／神奇海獅 著．
-- 初版．-- 臺北市：究竟出版社股份有限公司，2025.10
192 面；14.8×20.8 公分．--（歷史；89）

ISBN 978-986-137-495-6（平裝）
1.CST：歐洲史　2.CST：通俗作品

740.1　　　　　　　　　　　　　　　　114011477

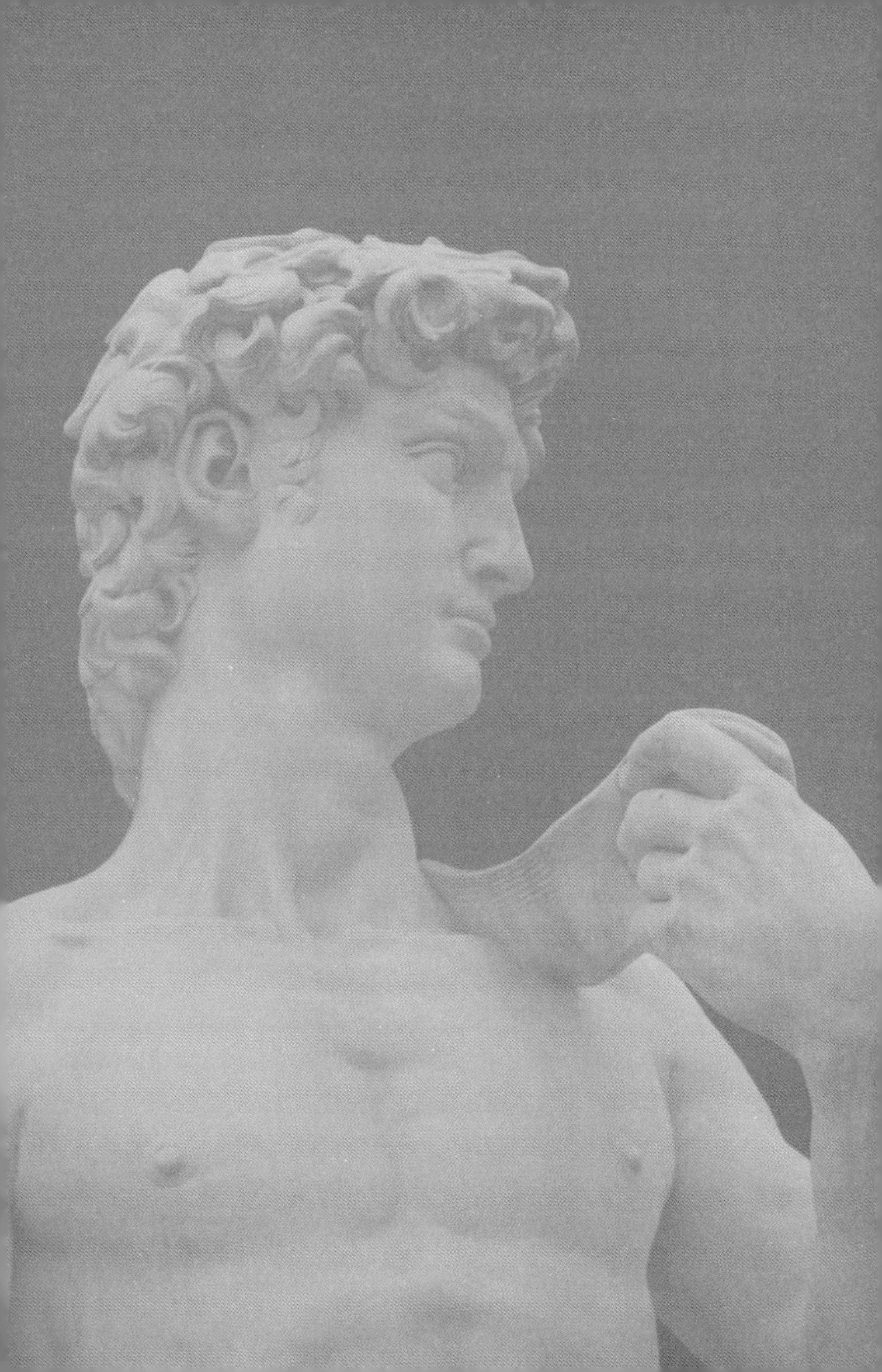

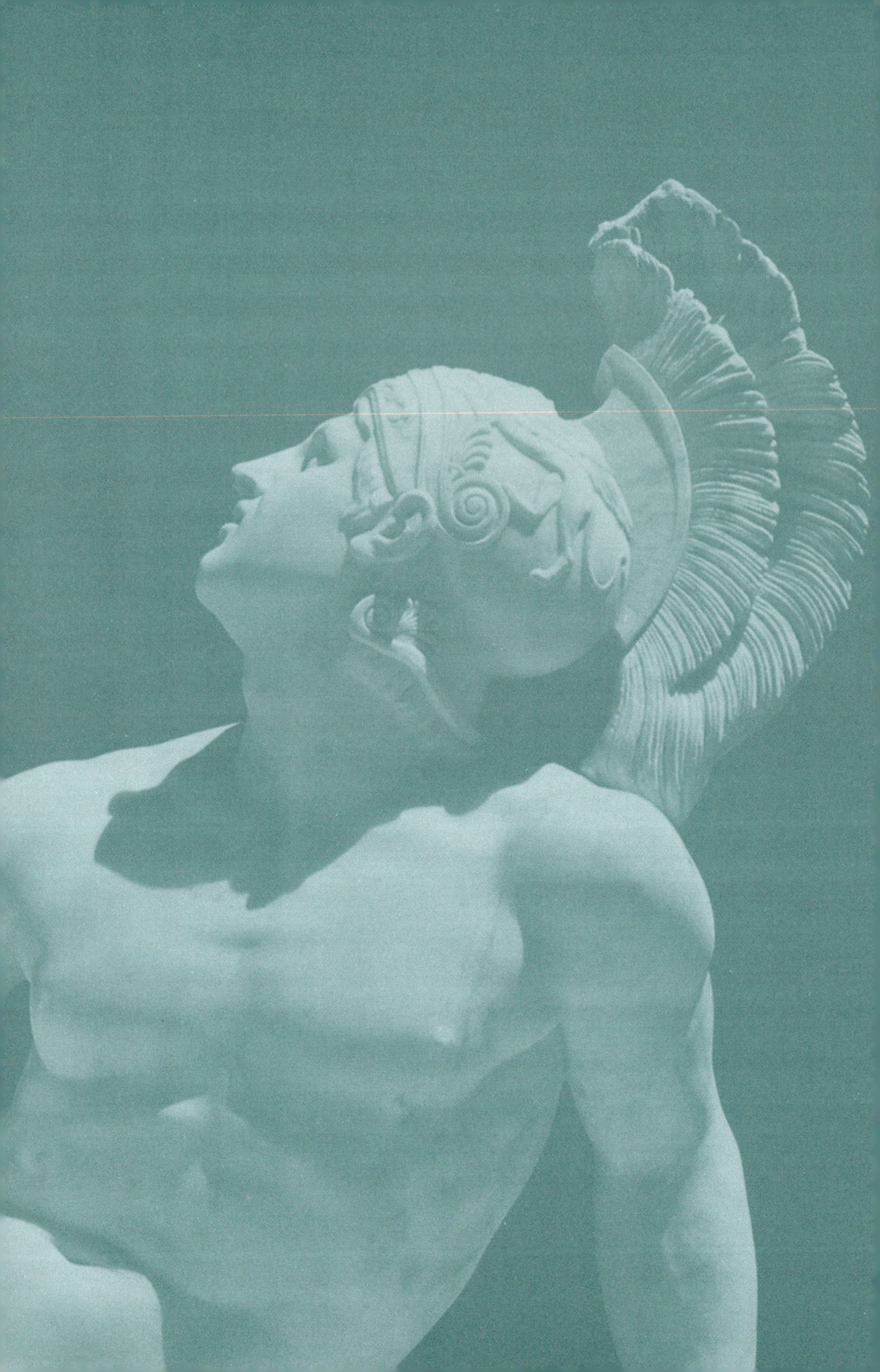